災害時でも
おいしく食べたい！
簡単「みそ汁」&「スープ」レシピ

もしも
ごはん
2

管理栄養士・防災士・災害食専門員
今泉マユ子

はじめに

私の子どもは２人とも、おみそ汁が大好き。他はあり合わせのもので済ませたとしても、おみそ汁があれば満足するので、小さいころから毎朝おみそ汁を用意していました。と言っても毎朝作るわけではなく、前日にお鍋いっぱいに作ったみそ汁を冷蔵庫に入れておいて、翌朝、それを温めて食べるだけ。ある意味〝楽〟でした。

子どもが食欲がない時も「おみそ汁なら食べられる」と言ったりした日もあります。疲れていると感じた時は、おみそ汁をコトコト温めて、子どもの好きな卵を入れて食べさせました。またはその逆に、おみそ汁にお餅を入れて、朝からしっかり食べて元気に家を出る時も。どんなに忙しい時でもおみそ汁を食べることで、心も体もリセットすることができたのかもしれません。

現在大学３年生の上の娘は、小学校から高校を卒業するまでの12年間、休まずに皆勤しました。それはおみそ汁で、心と体のエネルギー補給をしたおかげだと思っています。

災害時でも美味しいものを食べたい

２０１１年３月11日、東日本大震災がきっかけで、災害食を研究するようになり、８年が経ちました。この8年の間にも全国各地で災害が続いています。災害が起きたあとは、体に必要な栄養の確保が必要ですが、それとともに心の栄養をとることも大切です。日常と同じ食事をすることが精神の安定につながります。災害時だからといって我慢して食べることはストレスになりますが、自分の好きなものを食べるとニッコリ笑顔になります。

私は「どんな状況になっても子どもたちには温かいおみそ汁を食べさせてあげたい」という思いで備えています。

どんな時でも温かいものは食べたくなります。温かいものを食べることは生きる気力につながります。「もしも」の時、おにぎりや菓子パンを食べ続けなければならない状況になったとしても、一緒に温かいおみそ汁やスープがあれば、ホッとできるのではないでしょうか。

そこで、災害時にライフラインが途絶えたとしても、いつもと同じおみそ汁が食べられるレシピをご紹介するために本書を上梓しました。もちろん、日常でもぜひ食べていただきたい美味しいレシピです。

みそ汁と合わせて、スープレシピも考えました。汁物は水分補給に最適で、両方とも具材に何を入れても美味しく食べられるからです。また、食材の組み合わせを変えるとレパートリーが広がり、飽きずに食べることができます。野菜をたっぷり入れても、かさが減るのでたくさん食べることができ、水に溶け出す栄養素も汁と一緒に食べるので、栄養を余すところなくとることができる、といいことずくめです。

それぞれのレシピで摂取できる主な栄養素も掲載しました。

みそ汁&スープでホッとひと息

本書では常温保存可能な食材だけを使い、50以上のレシピを作成しました。

フリーズドライは乾燥野菜、きのこ類、豆腐や油揚げなど種類の多さに驚きます。乾燥マッシュポテトもスープにするとポタージュになり子どもにも喜ばれます。乾物は水戻しをしないでそのままパパッと入れることができるので、包丁もまな板も使いません。あさりやしじみは、乾燥したものや真空パックになったものもあり、さきいか、ドライサラミやカルパス、あられやポテトチップスも具になります。

食べる時に、好きなものをトッピングしてみてください。白ごま、七味唐辛子、粉山椒、黒こしょう、またフライドオニオン、天かすやくるみなどを〝ちょい足し〟すると、香りや食感がグンとよくなるのでオススメです。みそ汁はたとえ具が何も入っていなくても、発酵食品のみその栄養は摂れますし、スープはベースとなるだしによって、味のバリエーションがつけられ美味しく食べられます。また、みそ汁の具材は全てスープも作ることができます。

だしは昆布、煮干し、干ししいたけ、かつお節、または顆粒だし、コンソメ、中華だし、鶏がらスープの素などなんでもよいですし、なければ干し海老、さきいか、昆布茶、魚介系の缶詰や、あるいはドライトマトなどの野菜からも絶品のだしが出ます。温かいみそ汁やスープをすすってホッとひと息つく、こんな幸せな時間はありません。

災害時でも、いつもの食事でも「お湯ポチャレシピ®」がオススメ

本書では、災害時に最適な調理法「お湯ポチャレシピ®」で作ったみそ汁、スープを紹介しています。災害時には、主食になる缶詰のパン、カンパン、クラッカーなど、すぐに食べられるものの備蓄をしているご家庭もあるかと思いますし、救援物資として届く可能性もあります。しかし、温かいおみそ汁やスープは、自分で作らなければ食べられないかもしれないからです。

お湯ポチャレシピの作り方がわかると、ごはん、おかゆ、おかずも簡単に作れるようになるので、ぜひ普段から作ってみてください。

災害時にはもちろん役立ちますが、普段の食事でも家事が楽になります。昨年末、友人5人と自宅で忘年会をした時、お湯ポチャレシピで作りました。お鍋ひとつで何種類かの料理を一度に作ることができ、お湯は汚れず繰り返し使うことができるため、洗い物が少なくてとても楽をしました。友人たちも大喜び。普段から作って慣れておくことをオススメします。作り方や、使用する調理器具などの説明は後述します。

災害は知識だけでは乗り越えられない！

本書のレシピの分量は1人分で作成しています。お湯ポチャレシピは1人分の材料を、ポリ袋

１袋に入れて作ると、出来上がったものをそのまま器にのせて食べられて、取り分けする手間を省けるからです。

例えば炊き出しなどでは、大きな鍋で１００袋のお湯ポチャ料理ができれば、１００人に袋のまま渡せるので配分がしやすく運びやすい。食べる時は袋のまま器や入れ物にのせて食べ、食べ終わったら袋を捨てると洗い物が出ません。

ただし、材料を袋に入れて調理をするので、大量に入れるとムラができやすくなるため、例えば、自宅で４人分作る時は４袋を作るか、一度に作りたい場合でも、１袋に入れるのは２人分までにしたほうがいいでしょう。

災害時に大切なのは、ないものにこだわらず、あるものを活用することです。レシピのために食材を買いに行くというよりも、こういうやり方があることを知り、家にあるものを活用できるようにしてください。

フリーズドライ、乾物、缶詰など常温保存可能なものが家にあると、「もしも」の時の備えになり安心ですし、普段の食事でも大活躍します。賞味期限をきらさないよう、また味を知るためにも平常時に作って食べておくことが重要です。

災害は知識だけでは乗り越えられません。「知っている」ことと、「できる」ことは違います。お湯ポチャレシピを普段から作り、「できる」ようになりましょう。「もしも」の時にも、毎日の食事作りにも、本書をご活用いただけたら嬉しく思います。

目次

Part 2

スープレシピ

Part 3

最新防災情報

温かい食事は生きる気力になる

地震、竜巻、大雨、大雪……、いつどこで、どんな災害が起こるかわからないという環境の中で私たちは暮らしています。今は災害後ではなく、災害が起きる前だということを忘れないでいただきたいと思っています。

そして、「もしも」に直面した時のことを想像してみてください。災害が起きたあとも体に必要な栄養を確保することはとても大切ですが、それと同時に心の栄養をとることも大切です。

災害食は「生きるためだけの食事」「我慢して食べる食事」ではありません。自分や家族が好きなものを食べる、美味しいと思うものを食べることが、心の安定につながります。

では実際に被災された方は何を欲したでしょうか。私の耳に届いたのは「温かいものが食べたい」「野菜が食べたい」という多くの声でした。

大規模災害のあとはライフラインが全てストップし、料理を作る時間も調理器具も限られてしまい、栄養バランスのよい食事をするのは難しいかもしれません。

そういう時こそ、温かいみそ汁やスープを作って食べてください。温かい食事は生きる気力になります。温かいものを食べて、体が温まるとホッとできるからです。「温かいものを一口食べた時、嬉しくて涙が出た」とおっしゃっていた方のお気持ちがとてもよくわかります。

みそ汁&スープをおすすめする理由

災害時でも常温保存できる
食材で、美味しいみそ汁を
食べましょう。

理由1

具だくさんでおかずいらず

みそ汁やスープのよいところとして、食材は何を入れても美味しく食べられて、組み合わせも自由、切り方もこだわらず、栄養をまるごと摂ることができるところです。

たとえ生野菜が手に入らなくても、乾燥野菜、乾物、缶詰など常温保存可能な食品が家にあれば、具だくさんのみそ汁やスープを作ることができます。具だくさん汁なので、他のおかずがなくても栄養が摂れて、そのうえ水分補給にもなります。

大豆が原料の発酵食品であるみそは、植物性たんぱく質が豊富で、美肌や老化予防に効果があるイソフラボンもたっぷり含まれている栄養食です。

理由2

アレンジが自由自在

味付けのバリエーションが豊富なところも利点です。食べたくなる味は毎回違います。だしや調味料などの種類を変えるだけで、和風、洋風、中華、エスニック味のスープや、みそ汁などのほか、おしるこのように甘く作ったり、ぴりっと辛く仕上げたりと、自由自在です。

また、ごはんを入れて雑炊に、お餅を入れてお雑煮に、うどん、そば、そうめん、パスタなど、自分の好きなものを加えて、主食として食べることもできます。

スープにショートパスタを
入れれば、ボリューム
たっぷりの主食になります。

理由3

小さな子どもや高齢者でも食べやすい

みそ汁やスープなどの汁物の具材は、小さくカットしたり柔らかくしたりと調整がしやすいので、お子さまからご高齢の方まで、とても食べやすいでしょう。

また、スープにとろみをつけると飲み込みやすくなります。いつもはとろみがなくても食べられていたとしても、災害後の慣れない環境にいると、普段できていたこともできなくなることがありますので、嚥下《えんげ》（飲み込み）が心配な方は、飲み込みやすくするために、トロミ剤を用意しておいてください。災害が起きるとトロミ剤やトロミ剤の代用になるものはなかなか手に入りません。少し多めにストックしておくと安心です。

トロミ剤を選ぶ時の注意点

ダマにならず溶けやすいもの。食材の味や香りを変えにくいもの。トロミをゆるくしたり、固くしたりしやすいものなど。

トロミ剤の使い方

1. 製品に記載されている目安になる使用料を確認する。
2. トロミ剤を入れたら、すぐにかき混ぜる。
3. 溶かしたあと、トロミ状態を安定させるため2〜3分ほど置く。

飲み込みがしにくくなった方には
トロミ剤が便利。
常備をおすすめします。

栄養素の3つの働きを知って、バランスのよい食事を

バランスのよい食事とは、下図の3つの要素を必要量に見合った分だけ取り入れられることです。決まった時間に必要な量をとることは、健康を維持する基本となりますが、災害時には難しいかもしれません。

そこで2~3日間の食事を思い出してみてください。食物繊維が足りないと思った時は、みそ汁に切干大根を入れたり、たんぱく質が足りないと思ったら、スープにツナ缶を入れるなどして、補うようにしましょう。

黄色のエネルギーのもとになるものは、主に糖質（炭水化物）、脂質ですが、糖質の摂取量が足りないと、たんぱく質が分解されてエネルギー源となります。

安静にしていても、臓器を動かすなど、生命を維持するためにはエネルギーが必要です。また活動量が多いほど、エネルギーが使われます。

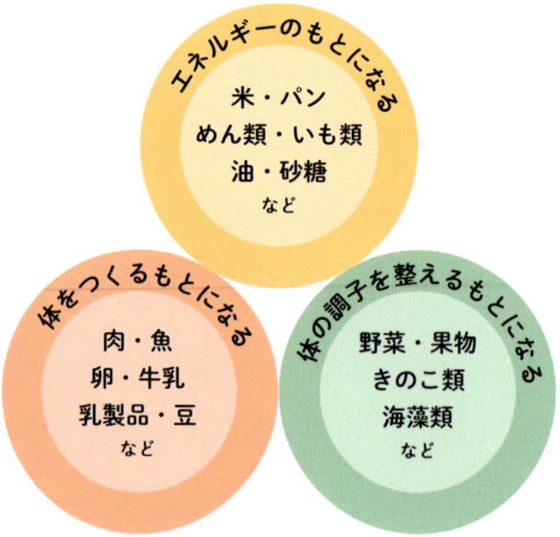

赤色の体をつくるもとになるものは、筋肉や髪や爪などをつくるたんぱく質、骨や歯をつくるミネラルの他、細胞膜などをつくる脂質の3つです。

中でもたんぱく質は、ホルモンや酵素、免疫細胞をつくる役割も持っていて、体の全ての部分をつくることに関係しています。

緑色の体の調子を整えるもとになるものは、ビタミンとミネラルです。

体温を調節したり、体内で必要な物質をつくったり、神経の働きに関わるなど、体の状態を一定に保つために大事な栄養素です。

ビタミンの一部を除いては体内でつくることができない物質なので、食事からとり入れなければなりません。

みそ汁&スープ
レシピに使用する
「食材」

健康のためには野菜をたっぷり食べたいものです。でも、どうしても使いきれないという方もいらっしゃることでしょう。そこでおすすめなのが、乾燥野菜です。カットする手間が省け、生ゴミが出ないという利点のほか、乾燥野菜の中には干すことで栄養成分がアップするものがあります。

　本書のレシピで使用した食材をご紹介します。備蓄に便利な常温保存ができて、なおかつ栄養価の高い食材を使っています。

乾燥野菜・乾燥きのこ

災害時は流通がストップし、生野菜が手に入りにくくなります。
そこで重宝するのが保存に便利な乾燥野菜です。
ただし、生野菜や生のきのこなどを使っても
美味しく食べられるレシピになっています。

かぼちゃ / たまねぎ / 白菜 / なす / マッシュポテト
ささがきごぼう / 千切りごぼう / 人参 / ねぎ / 輪切り大根
大根葉 / 小松菜 / ほうれん草 / 高菜 / きゃべつ
ミックス野菜 / れんこん / 切干大根 / えのき / 干ししいたけ
スライスしいたけ / ポルチーニ茸 / まいたけ / くるみ / カットドライトマト
きんぴらごぼう / にんにくスライス

乾物

お馴染みの和食惣菜の切り昆布や高野豆腐などのほか、
常温保存できる豆腐や油揚げも登場しました。
天日乾燥された乾物は、栄養価やうま味が凝縮されています。

乾燥あさり　乾燥しじみ　豆腐　油揚げ　味付き油揚げ
乾燥カットわかめ　切り昆布　昆布　とろろ昆布　ちりめんじゃこ
あおさ　のり　韓国のり　干しえび　さきいか
煮干し　かつお節　手毬麩　焼き麩　春雨
一口高野豆腐　細切り高野豆腐

ドライパック

中に水が入っていない真空状態に
なっているもので、開けてそのまま
調理したり、食べられる便利さです。

大豆　ひじき
コーン　ミックスビーンズ
きのこ

炭水化物

みそ汁、スープに炭水化物を
プラスして主食にアレンジ。
どれも常温保存が可能な食品です。

パックごはん　もち
そうめん　早ゆでペンネ
クラッカー　パン粉
コーンフレーク

缶詰

常温長期保存が可能なお助け食材の優等性が缶詰。
魚缶などは、メーカーによって味つけが違うので、
好みの味を見つけてください。

- ツナ
- さば水煮
- いわし蒲焼
- さけ水煮
- あさり
- ホタテ
- 焼き鳥
- 牛肉の大和煮
- コンビーフ
- 鶏ささみ
- コーンクリーム
- カットトマト缶
- 野菜ジュース
- トマトジュース
- ゆであずき

真空パック

砂抜き、ボイル済みで
常温保存ができる商品があります。

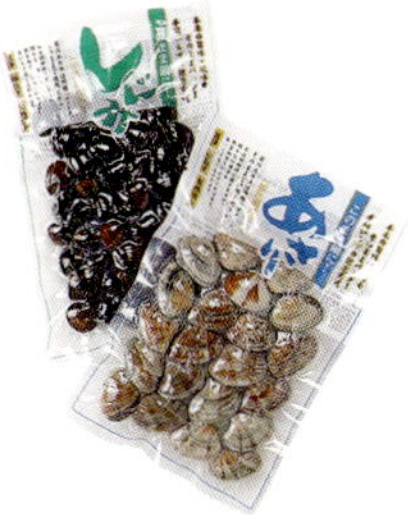

- あさり
- しじみ

＊常温保存可能な乾燥桜えび、干しえび、ちりめんじゃこ、煮干しや、ペットボトルのお茶なども、開封後は要冷蔵となるものも多くありますので、注意してください。

常温保存可能

魚肉ソーセージや、日持ちするいも類も
常温保存できる便利食材です。

- カルパス
- ドライサラミ
- あらごしトマトパック
- 魚肉ソーセージ
- じゃがいも
- 人参
- たまねぎ
- ココナッツミルク
- 牛乳
- 豆乳
- あられ
- ようかん
- もなか

味の決め手、「だし」について

だしは使いやすいものでOKです。かつお節、昆布、煮干しでだしをとる時は、通常は沸騰する前に取り出したり、水に入れて一晩おいたりしますが、「もしも」の時は水や、お湯の中に一緒に入れて具材と煮て、そのまま一緒に食べても大丈夫です。

顆粒だし

だしパック

切り昆布

こぶ茶

その他、かつお節、煮干し、昆布、とろろ昆布、干しえび、干ししいたけなど。また、塩昆布、ドライトマト、さきいかなどもだしになります。

味のアクセント「トッピング」

同じ具材を使ったみそ汁やスープでも、加えるトッピングによって違った味を楽しむことができます。みそ汁やスープの美味しさがぐっと広がります。

香りがアップ

すりごま

かつお節

その他、粉山椒、粉チーズなど。

辛さをちょい足し

七味唐辛子

ゆずこしょう

その他、こしょう、タバスコなど。

風味づけに

青ねぎ

オリーブオイル

その他、ドライパセリ、青のり、フライドオニオン、ごま油など。

意外なマッチング

ドライサラミ

レーズン

その他、天かす、コーンフレーク、あられ、くるみなど。

みそ汁の決め手、「みそ」について

赤みそ
熟成期間が長い
コクがある

白みそ
短期熟成
麹の糖分によって
甘みがある

合わせみそ
まろやかさと
コクを合わせ持つ

和食に欠かせない日本の伝統的な食品、みそ。主原料の大豆には、良質のたんぱく質が豊富に含まれていることから、〝畑の肉〟といわれています。さらに大豆は発酵によって、アミノ酸やビタミンなどが多量に生成される非常に栄養価の高い食品です。

本書では、赤みそ、白みそ、合わせみその3種を使っています。食材に一番合うと思うみそでレシピを考えましたが、どれを使ってもかまいません。普段から食べ慣れた好みのみそを使ってください。

カセットコンロ、ガスボンベ、鍋、水が必需品

温かいみそ汁、スープを食べるために、カセットコンロ、ガスボンベ、鍋は備えの必需品です。水の備蓄も必要です。

カセットコンロを使用する時、ガスボンベは1本で約60分~90分間使えます。1か月間ガスが止まったことを想定して、政府から15~18本推奨されています。

しかし、ガスボンベの消費期限は7年です。うっかり消費期限がきれてしまわないよう、普段から練習にもなりますので、カセットコンロ、ガスボンベ、鍋を使って、みそ汁やスープを作ってみてください。

水は10年間の長期保存が可能なものがあり、交換の負担が軽減されます。

断水時に威力を発揮する「お湯ポチャレシピ®」

お湯ポチャは、缶詰も一緒に温められます。

お湯ポチャレシピは、パッククッキングやポリ袋調理とも呼ばれていて、高密度ポリエチレン製のポリ袋に材料を入れ、鍋で湯せんする方法です。実際の作り方は22ページに掲載します。

お湯ポチャレシピ、おすすめ理由

(1) ごはんとみそ汁やスープ、そしておかずを一つの鍋で同時に作ることができます。

(2) アルファ化米はレトルトパウチで袋がきちんと密封できるのでお湯ポチャできます。

(3) パックごはんも一緒にお湯ポチャできます。

(4) お湯ポチャレシピと一緒に缶詰もそのまま温めることができます。

(5) お湯は何度でも使えるので、繰り返しお湯ポチャに使えます。加熱調理後は飲料としては適していませんが、ペットボトルに入れて湯たんぽ代わりにしたり、水筒や保温ポットなどに移せば、しばらくは温かさがキープできるので、洗顔に使ったり、蒸しタオルが作れます。洗濯や洗い物にも利用でき、いろいろと再利用ができます。

(6) お湯ポチャで作る場合は1袋に1人分入れて作り、4人分作りたい時は4袋作成し、4袋一緒に湯せんします。特に災害時には出来上がりを配分する必要がなく、袋のまま器にかけて食べることができ、食べ終わって袋を捨てると洗い物が出ません。

お湯ポチャレシピで、絶対に守ってほしい注意点

- 高密度ポリエチレン製のポリ袋を使用しないと、溶ける場合がある。

⇨透明のポリ袋はNG。

- 鍋で作る場合、鍋底の熱で袋に穴があかないように、必ず皿かザルを敷く。

⇨袋が鍋底につかないようにするためなので、皿でもザルでもOKです。

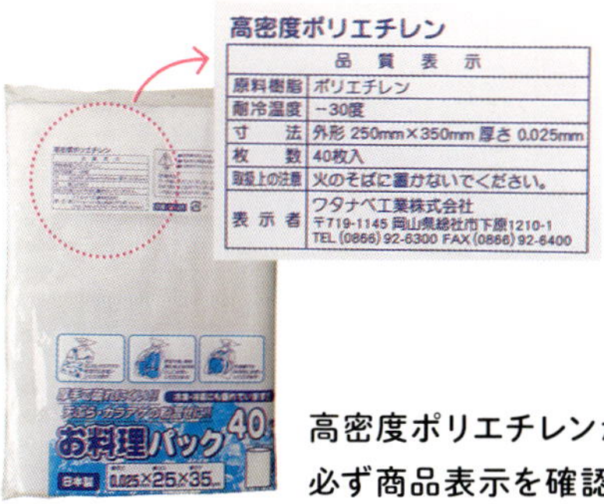

高密度ポリエチレン

品質表示	
原料樹脂	ポリエチレン
耐冷温度	−30度
寸法	外形 250mm×350mm 厚さ 0.025mm
枚数	40枚入
取扱上の注意	火のそばに置かないでください。
表示者	ワタナベ工業株式会社 〒719-1145 岡山県総社市下原1210-1 TEL (0866) 92-6300 FAX (0866) 92-6400

災害救助用炊飯袋ハイゼックスやアイラップはOK。

アイラップ

高密度ポリエチレンかどうか、
必ず商品表示を確認してください！
ただし、「耐熱性」や「湯せんができる」などの
表示があれば使用可能です。

お湯ポチャレシピのコツと、調理器具によっての注意点

- 食材は、ポリ袋の中の厚さが均等になるように平らに入れる。
- 空気を抜いて、袋を結ぶ時にはできるだけ袋の口に近い部分を結ぶ。

⇨加熱すると袋が膨張するため。

- 湯せんするための水の量は、鍋や電気ポットの約1/3にする。

お湯ポチャレシピは、通常の鍋でも作れる！

- お湯ポチャレシピで作れるものは、全て鍋を使っても作ることができる。
- 鍋で作る場合は、鍋に全ての材料を入れて煮る。
- 人数分の材料を入れれば、何人分でも増やすことができる。

お湯ポチャレシピ基本の作り方

お湯ポチャレシピは、カセットコロンと鍋を使う方法と、電気ポット、炊飯器を使って作る方法があります。それぞれの作り方を紹介します。

42 ページの

「切干大根と油揚げのみそ汁」

を作ってみましょう。

鍋

＋

カセットコンロ

を使った作り方

災害時は、計量カップが使用できないことがあります。紙コップやお碗などを計量カップがわりに使ってください。

材料 1 人分

切干大根
(長ければキッチンバサミで切る）…5g
常温保存可能油揚げ…4g
水…紙コップ 1 カップ（180 ～ 200cc）
顆粒だし…小さじ 1/3
みそ…小さじ 2

災害時に断水している時は、洗い物ができません。お湯ポチャで作ったみそ汁は、ポリ袋のまま器にかぶせて食べれば、器を洗う必要がありません。

※器に移し替える場合は、出来上がったポリ袋を器にのせてから、ハサミで結び目の下を切り、ポリ袋を抜き取ると入れ替えやすくなります。ポリ袋から器に移し替える際は、火傷に注意してください。

作り方

1 高密度ポリエチレン製のポリ袋に材料を全て入れて混ぜ、空気を抜きながらねじり上げ、袋の上のほうを結ぶ。

2 皿を敷いて 1/3の水を入れた鍋に1を入れ、蓋をして火をつける。沸騰したら中火～弱火にし、そのまま約 5 分間加熱する。火を止めて蓋をしたまま 5 分間蒸らす。

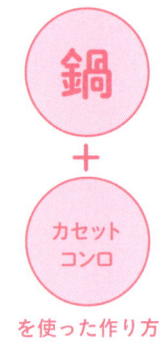

高密度ポリエチレン製のポリ袋を使用しないと、熱で袋が溶ける危険があります。

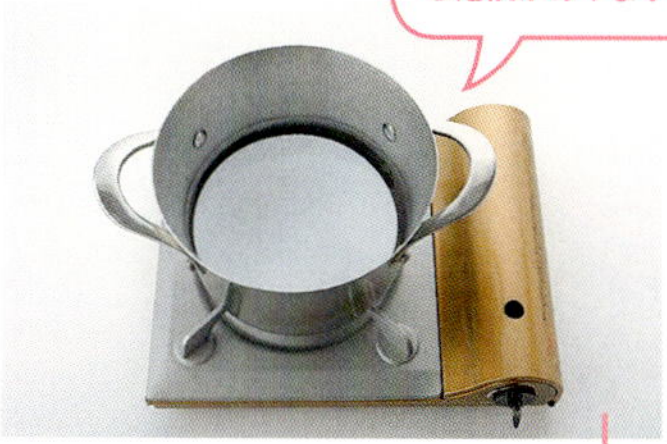

カセットコンロにボンベをセットし、
鍋に皿を入れる。

材料をポリ袋に入れ、
紙コップ1杯分の水を入れる。

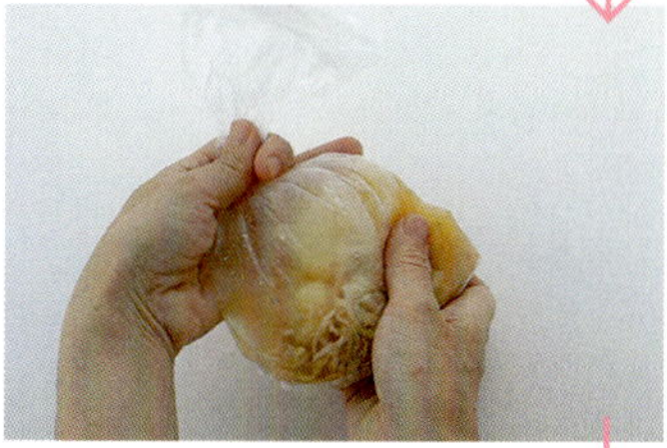

ポリ袋の上から材料を混ぜ合わせる。

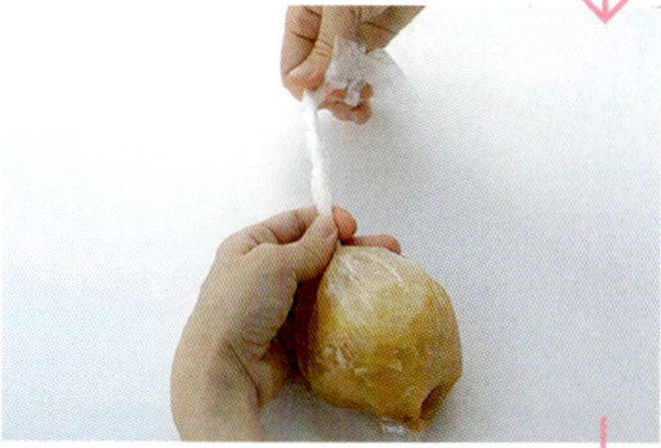

ポリ袋の中の空気を抜きながら、
ねじりあげる。

ポリ袋の上のほうを固く結ぶ。

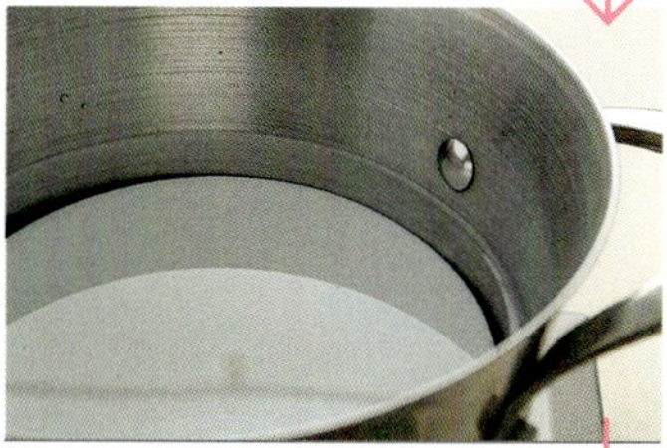

鍋の1/3の高さまで水を入れる。

材料を入れたポリ袋を鍋に入れる。

蓋をして火をつけ、沸騰してから5分間
加熱し火を止める。そのまま5分間蒸らす。

菜箸やトングを使って取り出し、
器に移す。

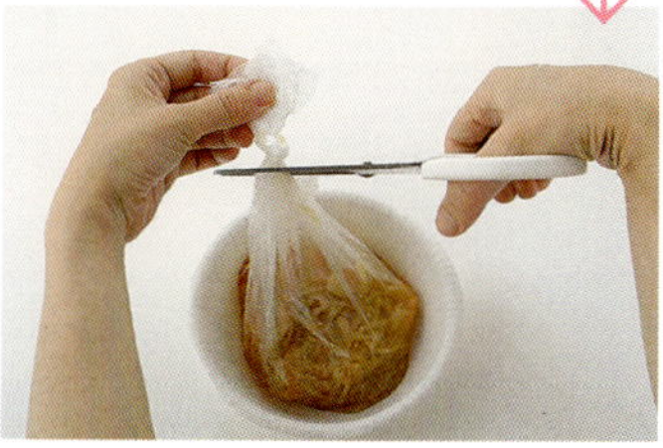

結び目が固くなっているので、
ハサミで結び目の下を切る。

エネルギー補給に欠かせないごはんも、お湯ポチャで作れます。
お米の量を変えることで、お粥も簡単にできます。
しかも、ひとつの鍋で、ごはんとお粥が同時に作れるという便利さです！

ごはん材料：1 合分

米（無洗米）…1 合（150g）
水…1 カップ（200ml）

全粥材料：2 膳分

米（無洗米）…1/4 カップ（40g）
水…1 カップ（200ml）

ごはんと全粥の作り方は共通

1 高密度ポリエチレン製のポリ袋に米と水を入れ、空気を抜きながらねじり上げ、ポリ袋の上のほうを結ぶ。

2 皿を敷いて 1/3 の水を入れた鍋に 1 を入れ、蓋をして火をつける。沸騰したら中火〜弱火にし、そのまま約 20 分間加熱する。火を止めて蓋をしたまま 10 分間蒸らす。

紙コップ1杯のお米に対し、水は 1+1/4〜1/3を目安にしてください。

お米を研ぐ必要がない無洗米は水の節約になります。だた、通常のお米でも、洗わずに炊いて大丈夫なので、試してみてください。

材料をポリ袋に入れる。

ポリ袋の空気を抜きながらねじり上げ、
ポリ袋の上のほうをしっかり結ぶ。

鍋の中に皿を置き、水を入れたら、ポリ袋を入れる。蓋をして火をつける。20 分間加熱し、火を止めて、そのまま 10 分間蒸らす。

取り出し、ポリ袋ごと器に被せる。

みそ汁とごはんも、
ひとつの鍋で作ることができます。

災害時はライフラインが寸断されることが予測されますが、
水やガスに比べると、比較的早く復旧するのが電気です。
カセットボンベのストックの数にも限りがあると思われるので、
電気が使えるようになったら、電気ポットや炊飯器を使ってみてください。

炊飯器 を使った作り方

炊飯器でごはんを炊くと内釜に米粒がつくので、断水時にはお湯ポチャをオススメします。

炊飯器は5合炊き以上のものを使用してください。
3合炊きのものは容量が小さく、蓋が開いてしまいます。

炊飯器の1/3まで水を入れ、ポリ袋を入れてから通常の炊飯のスイッチを入れ、スイッチが切れたら出来上がり。

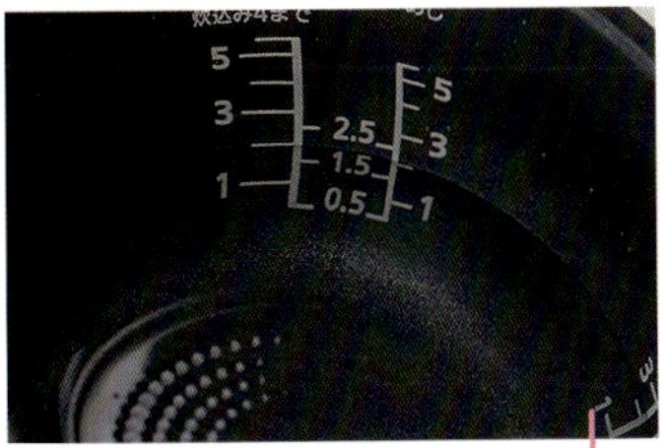

1/3まで水を入れて、ポリ袋を入れる。

炊飯のスイッチを入れる。

電気ポット を使った作り方

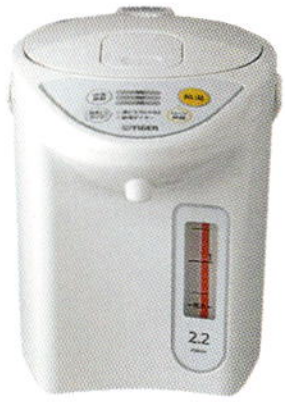

電気ポットの1/3まで水を入れて沸かします。その中にポリ袋を入れて再沸騰はさせないように加熱する。

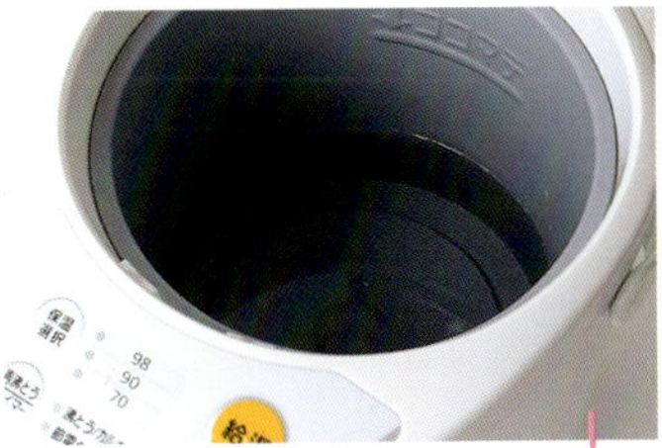

1/3まで水を入れる。

沸騰したらポットの中に、ポリ袋を入れて蓋を閉じる。加熱時間は鍋を使用する時と同じです。

電気ポットと炊飯器で
お湯ポチャレシピを作る時の注意事項

●全体の重量は容量の1/5までにしてください。
2Lのポットなら400g、3Lのポットなら600g程度。
●1台の電気ポットに入れるポリ袋の数は、3パックまでにする。
たくさん入れると吹きこぼれの原因となります。慣れないうちは2袋くらいまでにしましょう。

●加熱後ポリ袋を取り出す時は、受け皿を用意しトングや菜箸などを使用して取り出す。火傷をしないように、ポットや炊飯器の蓋を開けてすぐに中を覗き込んだり、蒸気にふれないように気を付けてください。

電気ポット、炊飯器はお湯ポチャレシピをすることを設定して作られていません。自己責任になりますので、安全面には十分配慮してください。

本書の計量の単位について

1カップ＝200ml、大さじ1＝15ml、小さじ＝5mlです。

計量スプーンがなければ

大さじ、小さじのスプーンがない場合は、ペットボトルのキャップを使うと便利です。小さじ1と同じ約5ml入ります。大さじ1は15mlなので、ペットボトルのキャップ3杯分となります。

ペットボトルのキャップ

＝

小さじ

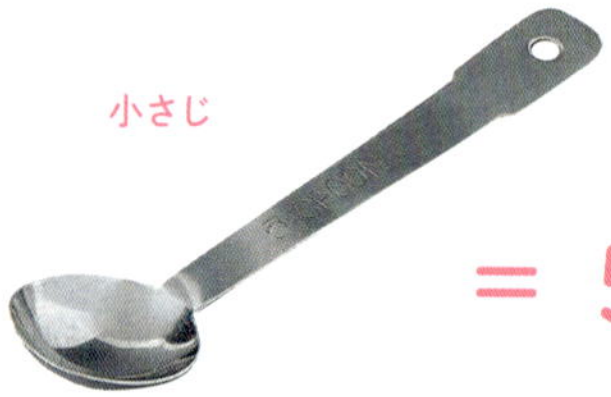

＝ 5ml

Part 1

みそ汁レシピ

みそ汁の基本は、水＝1カップ（200ml）、
顆粒だし＝小さじ1/3（1g）、
みそ＝小さじ2（10g）になっています。

全てのレシピは、鍋で煮て作ることができます。

乾燥かぼちゃ
トマトジュース

かぼちゃのトマトみそ汁

トマトの酸味とかぼちゃの甘みが美味しさの共演。
女性が喜ぶホクホク食感。

材料・1人分

乾燥かぼちゃ…20g
トマトジュース（食塩なし）
…1/2カップ（100ml）
水…1/2カップ（100ml）
顆粒だし…小さじ1/3
みそ…小さじ2

作り方

1 高密度ポリエチレン製のポリ袋に材料を全て入れて混ぜ、空気を抜きながらねじり上げ、袋の上のほうを結ぶ。

2 皿を敷いて1/3の水を入れた鍋に1を入れ、蓋をして火をつける。沸騰したら中火〜弱火にし、そのまま約5分間加熱する。火を止めて蓋をしたまま5分間蒸らす。

食材 memo

かぼちゃは干すことで甘みが増します。ビタミンEも豊富に含まれているので、冷え性の改善や血行促進にも効果が期待できます。

栄養素

ビタミンA・ビタミンE・リコピン

»ビタミンをたっぷり摂って。
体の酸化を防ぎ、免疫力アップ。

きゃべつのビタミンUが胃腸の調子を整える。

栄養素

ビタミンC・ビタミンK・カリウム

きゃべつとあられのみそ汁

あられが具材に。もちもち食感を味わってください。

材料・1人分

A
- 乾燥きゃべつ…大さじ2（8g）
- 水…1カップ（200ml）
- 顆粒だし…小さじ1/3
- みそ…小さじ2

あられ…大さじ1

あられ

作り方

1 高密度ポリエチレン製のポリ袋にAを入れて混ぜ、空気を抜きながらねじり上げ、袋の上のほうを結ぶ。

2 皿を敷いて1/3の水を入れた鍋に1を入れ、蓋をして火をつける。沸騰したら中火～弱火にし、そのまま約5分間加熱する。火を止めて蓋をしたまま5分間蒸らす。食べる時にあられをのせる。

食材memo

あられは、あられ餅を略した呼び名です。お茶漬けのもとにあられが入っているのは、湿気を防ぎ、乾燥剤の役目をするからだそうです。

トマトのリコピンで日焼けによるシミやシワを軽減。

栄養素

ビタミンD・食物繊維・カリウム

ドライトマトのみそ汁

夏場に欲するほどよい酸味。

材料・1人分

A

- カットドライトマト…大さじ1（8g）
- フライドオニオン…大さじ1（5g）
- 水…1カップ（200ml）
- 顆粒だし…小さじ1/3
- みそ…小さじ2

オリーブ油…少々

カット
ドライトマト

作り方

1 高密度ポリエチレン製のポリ袋にAを入れて混ぜ、空気を抜きながらねじり上げ、袋の上のほうを結ぶ。

2 皿を敷いて1/3の水を入れた鍋に1を入れ、蓋をして火をつける。沸騰したら中火〜弱火にし、そのまま約5分間加熱する。火を止めて蓋をしたまま5分間蒸らす。食べる時にオリーブ油をかける。

食材memo

丸くて硬いドライトマトもありますが、カットされたものはそのまま使えて便利です。みそ汁の他にも、カレーやチャーハンの具として、また、そのままトッピングにも。

焼き麩と小松菜のみそ汁

保水性の高いお麩は、少ない量で満腹感を得られます。
小松菜のほんのり苦味が美味。

材料・1人分

焼き麩…3g
乾燥小松菜…大さじ1（4g）
水…1カップ（200ml）
顆粒だし…小さじ1/3
赤みそ…小さじ2

作り方

1 高密度ポリエチレン製のポリ袋に材料を全て入れて混ぜ、空気を抜きながらねじり上げ、袋の上のほうを結ぶ。

2 皿を敷いて1/3の水を入れた鍋に1を入れ、蓋をして火をつける。沸騰したら中火～弱火にし、そのまま約5分間加熱する。火を止めて蓋をしたまま5分間蒸らす。

食材memo

小松菜は、カルシウム、カロテン、ビタミンC、食物繊維、鉄分などが豊富に含まれた栄養価の高い緑黄色野菜。骨粗鬆症や、ガン予防にも効果があります。

栄養素

たんぱく質・鉄分・カルシウム

» お麩のグルテンペプチドは、
痛みをやわらげたり、血圧低下に効果を発揮。

くるみの抗酸化作用でアンチエイジング。

栄養素

鉄分・ビタミンK・食物繊維

ほうれん草とくるみのみそ汁

シンプルに美味しいみそ汁を、くるみでさらに美味しく。

材料・1人分

A
- 乾燥ほうれん草…大さじ2（8g）
- 水…1カップ（200ml）
- 顆粒だし…小さじ1/3
- 白みそ…小さじ2

くるみ（手で砕く）…大さじ1

作り方

1. 高密度ポリエチレン製のポリ袋にAを入れて混ぜ、空気を抜きながらねじり上げ、袋の上のほうを結ぶ。
2. 皿を敷いて1/3の水を入れた鍋に1を入れ、蓋をして火をつける。沸騰したら中火～弱火にし、そのまま約5分間加熱する。火を止めて蓋をしたまま5分間蒸らす。食べる時にくるみを砕いて入れる。

食材memo

ほうれん草の鉄分は吸収されにくいのですが、ビタミンCを含むくるみと一緒に摂ることで、吸収量がアップします。

栄養素

カリウム・カルシウム・ビタミンC

白菜とゆずこしょうのみそ汁

青唐辛子がきいたゆずこしょうで、白菜の甘みが際立ちます。

材料・1人分

A
- 乾燥白菜…大さじ2（8g）
- 水…1カップ（200ml）
- 顆粒だし…小さじ1/3
- 白みそ…小さじ2

ゆずこしょう…少々

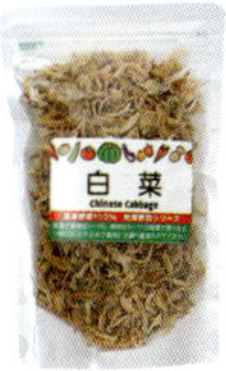

乾燥白菜

作り方

1. 高密度ポリエチレン製のポリ袋にAを入れて混ぜ、空気を抜きながらねじり上げ、袋の上のほうを結ぶ。
2. 皿を敷いて1/3の水を入れた鍋に1を入れ、蓋をして火をつける。沸騰したら中火～弱火にし、そのまま約5分間加熱する。火を止めて蓋をしたまま5分間蒸らす。食べる時にゆずこしょうを入れる。

食材 memo

クセのない味の白菜は、たっぷり食べても飽きない淡色野菜です。乾燥させるとさらに甘味が増して、美味しく食べられます。

きのこ
ドライパック

きのこのごまみそ汁

ほんのり甘いごまの風味で、ひと味違うみそ汁に。
きのこミックスで、ぶなしめじ、まいたけ、エリンギが楽しめます。

材料・1人分

A
- きのこドライパック…30g
- 水…1カップ（200ml）
- 顆粒だし…小さじ1/3
- みそ…小さじ2

白すりごま…大さじ1

作り方

1 高密度ポリエチレン製のポリ袋にAを入れて混ぜ、空気を抜きながらねじり上げ、袋の上のほうを結ぶ。

2 皿を敷いて1/3の水を入れた鍋に1を入れ、蓋をして火をつける。沸騰したら中火～弱火にし、そのまま約5分間加熱する。火を止めて蓋をしたまま5分間蒸らす。食べる時に白すりごまをかける。

アレンジレシピ

きのこ雑煮

ポリ袋の中にお餅を一緒に入れるだけ。ボリューミーな主食に。

追加食材　餅…2個

作り方　スープの具材と一緒に餅を入れて、15分間加熱する。

栄養素

ビタミンD・カルシウム・食物繊維

» 食物繊維がたっぷりのきのこで
便秘の予防と改善。

乾燥
きんぴらごぼう

きんぴらみそ汁

シャキシャキ根菜をたっぷり食べましょう。
みそとの相性も抜群です。

材料・1人分

A
- 乾燥きんぴらごぼう…10g
- 水…1カップ（200ml）
- 顆粒だし…小さじ1/3
- 赤みそ…小さじ2

七味唐辛子…少々

作り方

1. 高密度ポリエチレン製のポリ袋にAを入れて混ぜ、空気を抜きながらねじり上げ、袋の上のほうを結ぶ。
2. 皿を敷いて1/3の水を入れた鍋に1を入れ、蓋をして火をつける。沸騰したら中火〜弱火にし、そのまま約5分間加熱する。火を止めて蓋をしたまま5分間蒸らす。食べる時に七味唐辛子をかける。

食材memo

ごぼうは下処理を面倒だと感じて、具材として使うことを敬遠しがちな方も多いことでしょう。きんぴらごぼう用の乾燥野菜を使えば、手間なしです。

栄養素

食物繊維・マグネシウム・カリウム

ごぼうの食物繊維・イヌリンで
腸内環境を改善。

乾燥豆腐
スライスしいたけ
すり白ごま
練りごま

豆腐としいたけのごまみそ汁

乾燥豆腐でも、見事な〝ふわつる〞食感に驚くことでしょう。
ごまの鉄分、カルシウムを加えて、さらに栄養アップ。

材料・1人分

乾燥豆腐…2g
スライスしいたけ…2g
すり白ごま…大さじ1
練りごま…小さじ1
水…1カップ（200ml）
顆粒だし…小さじ1/3
みそ…小さじ2

作り方

1 高密度ポリエチレン製のポリ袋に材料を全て入れて混ぜ、空気を抜きながらねじり上げ、袋の上のほうを結ぶ。

2 皿を敷いて1/3の水を入れた鍋に 1 を入れ、蓋をして火をつける。沸騰したら中火～弱火にし、そのまま約5分間加熱する。火を止めて蓋をしたまま5分間蒸らす。

食材memo

ごまは皮がかたく、いりごまのまま食べても栄養が吸収されづらいことがあります。栄養を吸収するには、すりごまやペーストを使うことをおすすめします。

栄養素

たんぱく質・食物繊維・カルシウム

健康維持に欠かせない、
豆腐、しいたけ、ごまで、
栄養バランスのよい一杯に。

常温保存が可能な油揚げでも、開封後は要冷蔵なので、なるべく使いきりましょう。

切干大根
常温保存可能油揚げ

切干大根と油揚げのみそ汁

飽きない美味しさ、みそ汁の定番具材、大根と油揚げ。
大根のシャキシャキ、油揚げのふんわり食感が味わえます。

材料・1人分

切干大根
（長ければキッチンバサミで切る）…5g
常温保存可能油揚げ…4g
水…1カップ（200ml）
顆粒だし…小さじ1/3
みそ…小さじ2

作り方

1. 高密度ポリエチレン製のポリ袋に材料を全て入れて混ぜ、空気を抜きながらねじり上げ、袋の上のほうを結ぶ。

2. 皿を敷いて1/3の水を入れた鍋に1を入れ、蓋をして火をつける。沸騰したら中火〜弱火にし、そのまま約5分間加熱する。火を止めて蓋をしたまま5分間蒸らす。

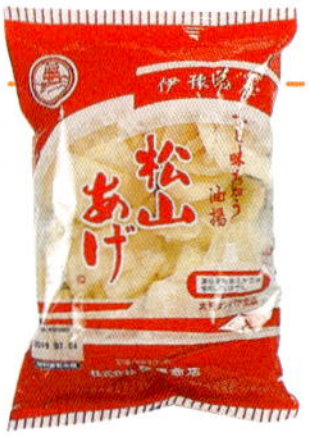

油抜き不要で、そのまま使える

100年以上前から愛されている愛媛県の特産品・「松山あげ」。常温保存可能で、油抜きも不要な便利な食材です。

栄養素

たんぱく質・カルシウム・食物繊維

大豆から作られる油揚げは、
良質なたんぱく質が豊富で栄養満点。

なすと味付き油揚げのみそ汁

味付き油揚げの特長をいかした、じわっとしみ出るだしの風味。
なすにも美味しいだしがしみこみます。

材料・1人分

乾燥なす…5g
味付き油揚げ…10g
水…1カップ（200ml）
顆粒だし…小さじ1/3
赤みそ…小さじ2

作り方

1 高密度ポリエチレン製のポリ袋に材料を全て入れて混ぜ、空気を抜きながらねじり上げ、袋の上のほうを結ぶ。

2 皿を敷いて1/3の水を入れた鍋に1を入れ、蓋をして火をつける。沸騰したら中火～弱火にし、そのまま約5分間加熱する。火を止めて蓋をしたまま5分間蒸らす。

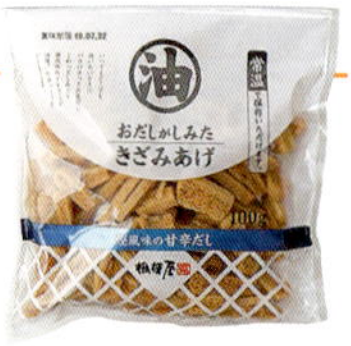

カットされているので、切る手間なし

この油揚げ「おだしがしみたきざみあげ」も、42ページで使用した「松山あげ」同様に、常温保存可能な食品です。甘辛い味がついています。

栄養素

たんぱく質・ビタミンK・ポリフェノール

» ナスの皮に豊富に含まれるナスニン。
強い抗酸化力をもち、
ガンや動脈硬化の予防に効果的。

一口高野豆腐
常温保存可能豆乳
糸唐辛子

高野豆腐と糸唐辛子の豆乳みそ汁

いつものみそ汁が、豆乳でマイルドに。
高野豆腐が優しいだしをたっぷり吸いこんでいます。

材料・1人分

A
- 一口高野豆腐…3個（6g）
- 常温保存可能豆乳…1カップ（200ml）
- 顆粒だし…小さじ1/3
- 白みそ…小さじ2

糸唐辛子…少々

常温保存
可能豆乳

作り方

1. 高密度ポリエチレン製のポリ袋にAを入れて混ぜ、空気を抜きながらねじり上げ、袋の上のほうを結ぶ。

2. 皿を敷いて1/3の水を入れた鍋に1を入れ、蓋をして火をつける。沸騰したら中火～弱火にし、そのまま約5分間加熱する。火を止めて蓋をしたまま5分間蒸らす。食べる時に糸唐辛子をのせる。

食材memo

唐辛子は胃腸を刺激し、消化液の分泌を促すので消化を進めます。また、食欲を増進させる働きもあるので、食欲が落ちる夏には、薬味に使うのもおすすめです。

栄養素

たんぱく質・マグネシウム・ビタミンE・イソフラボン

大豆から作られる
高野豆腐と豆乳。良質の
たんぱく質で元気な体に。

細切り高野豆腐
乾燥ほうれん草

細切り高野豆腐と ほうれん草のカレーみそ汁

おみそとカレーの相性ぴったり。カレー粉が味のアクセントに。
朝から食が進むこと間違いなし。

材料・1人分

細切り高野豆腐…大さじ1（4g）
乾燥ほうれん草…大さじ1（4g）
水…1カップ（200ml）
顆粒だし…小さじ1/3
みそ…小さじ2
カレー粉…小さじ1/2

作り方

1. 高密度ポリエチレン製のポリ袋に材料を全て入れて混ぜ、空気を抜きながらねじり上げ、袋の上のほうを結ぶ。
2. 皿を敷いて1/3の水を入れた鍋に1を入れ、蓋をして火をつける。沸騰したら中火～弱火にし、そのまま約5分間加熱する。火を止めて蓋をしたまま5分間蒸らす。

食材memo

高野豆腐は、豆腐を凍らせ、乾燥させて作られています。大きさや厚みの違うものなど、さまざまな形状があるので、用途に合わせて使いわけができます。

栄養素

たんぱく質・鉄分・カルシウム

カルシウムたっぷりの高野豆腐と、
鉄分の多いほうれん草で、
体が喜ぶ栄養がしっかり摂れる。

あおさと手毬麩のみそ汁

クセのない味の手鞠麩に、あおさの香りが引き立ちます。
もちもち食感と、とろり食感のハーモニーを楽しんでください。

材料・1人分

あおさ…1g
手毬麩…2g
水…1カップ（200ml）
顆粒だし…小さじ1/3
赤みそ…小さじ2

作り方

1 高密度ポリエチレン製のポリ袋に材料を全て入れて混ぜ、空気を抜きながらねじり上げ、袋の上のほうを結ぶ。

2 皿を敷いて1/3の水を入れた鍋に1を入れ、蓋をして火をつける。沸騰したら中火〜弱火にし、そのまま約5分間加熱する。火を止めて蓋をしたまま5分間蒸らす。

食材memo

浅海の岩につく、あおさ科の緑藻類があおさです。善玉コレステロールをアップさせる効果の高い優良食材として注目されています。

栄養素

マグネシウム・カリウム・ビタミンA・ビタミンB_{12}

》食欲がない時でも、
消化のよいお麩とあおさで、
元気を維持。

ひじきとごまのカルシウムで骨を丈夫に。

栄養素

カルシウム・マグネシウム・食物繊維・ビタミンE

ひじきと梅のごまみそ汁

「1日1粒で医者いらず」。疲れた体に梅の酸味で食欲増進。

材料・1人分

ひじきドライパック…15g
梅干し…大きめ1個
炒り白ごま…少々
水…1カップ（200ml）
顆粒だし…小さじ1/3
みそ…小さじ2

作り方

1 高密度ポリエチレン製のポリ袋に材料を全て入れて混ぜ、空気を抜きながらねじり上げ、袋の上のほうを結ぶ。

2 皿を敷いて1/3の水を入れた鍋に 1 を入れ、蓋をして火をつける。沸騰したら中火〜弱火にし、そのまま約5分間加熱する。火を止めて蓋をしたまま5分間蒸らす。

食材 memo

ひじきは、海藻類の中で、カルシウムの含有量がトップクラス。成長過程のお子さんにも食べて欲しい健康食材です。ドライパックは、開けてすぐに食べられます。

わかめのカリウムを
たっぷり摂って塩分を排出。

栄養素

カリウム・ヨウ素・カルシウム

わかめと油揚げのみそ汁

スタンダードなみそ汁は安定の美味しさです。

材料・1人分

乾燥カットわかめ…大さじ1（2g）
常温保存可能油揚げ（42ページ参照）…4g
乾燥ねぎ…少々
水…1カップ（200ml）
顆粒だし…小さじ1/3
白みそ…小さじ2

作り方

1. 高密度ポリエチレン製のポリ袋に材料を全て入れて混ぜ、空気を抜きながらねじり上げ、袋の上のほうを結ぶ。
2. 皿を敷いて1/3の水を入れた鍋に1を入れ、蓋をして火をつける。沸騰したら中火～弱火にし、そのまま約5分間加熱する。火を止めて蓋をしたまま5分間蒸らす。

食材memo

わかめのヌルヌル成分は、食物繊維のアルギン酸で、高血圧を防いだり、コレステロール値を下げる働きや、腸内バランスを整える働きもあります。

のりのビタミンCには美肌効果が、ビタミンAで美髪に。

栄養素

ビタミンC・食物繊維・ビタミンA

のりのこくうまみそ汁

とろとろのりにごま油のこくがからんで、想像以上の美味しさです。

材料・1人分

A
- 水…1カップ（200ml）
- 顆粒だし…小さじ1/3
- みそ…小さじ2

焼きのり…手巻きずし用1枚
ごま油…少々

作り方

1. 高密度ポリエチレン製のポリ袋にAを入れて混ぜ、空気を抜きながらねじり上げ、袋の上のほうを結ぶ。
2. 皿を敷いて1/3の水を入れた鍋に1を入れ、蓋をして火をつける。沸騰したら中火〜弱火にし、そのまま約5分間加熱する。食べる時に焼きのりをちぎって入れ、ごま油を入れる。

食材memo

ごま油に含まれるセサミンは、強い抗酸化作用を持ち、アンチエイジングや高血圧予防に有効です。

昆布で免疫力アップ。
卵のアミノ酸で疲労回復。

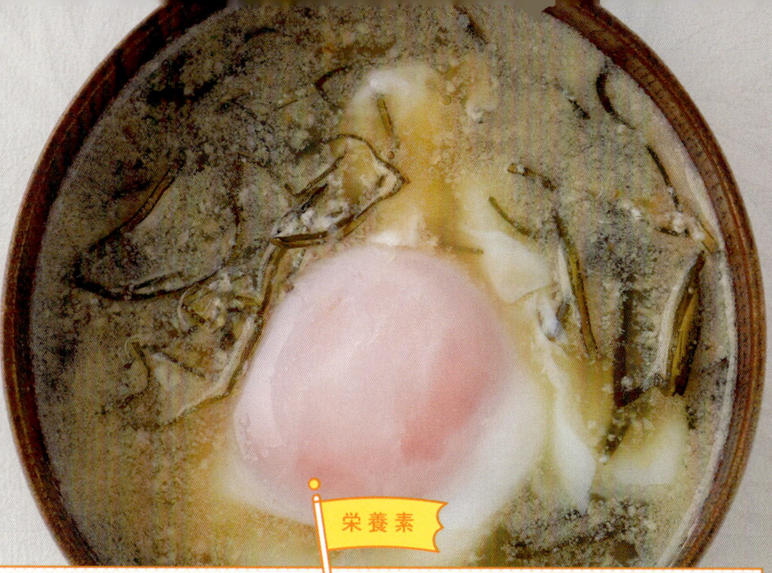

栄養素

カルシウム・たんぱく質・ビオチン

切り昆布と卵のみそ汁

切り昆布に卵の黄身がからみます。卵でみそ汁がボリュームアップ。

材料・1人分

切り昆布…2g
卵…1個
水…1カップ（200ml）
顆粒だし…小さじ1/3
みそ…小さじ2

作り方

1. 高密度ポリエチレン製のポリ袋に卵以外の材料を全て入れて混ぜ、その中に卵を割り入れる。卵をつぶさないように空気を抜きながらねじり上げ、袋の上のほうを結ぶ。

2. 皿を敷いて1/3の水を入れた鍋に1を入れ、蓋をして火をつける。沸騰したら中火〜弱火にし、そのまま約5分間加熱する。火を止めて蓋をしたまま5分間蒸らす。

食材memo

乾燥した切り昆布は、煮物や佃煮などに用いられますが、だしがでやすいのでみそ汁にもぴったりの食材です。

ツナ缶
乾燥人参
かつお節

人参とツナのしりしりみそ汁

ツナと甘い人参が絶妙の組み合わせ。おかずにもなる一品。
ツナ缶の缶汁とかつお節のうま味で、コク深い味のだしに。

材料・1人分

ツナ缶（食塩、油入り）…30g
乾燥人参…5g
かつお節…2g
水…1カップ（200ml）
顆粒だし…小さじ1/3
みそ…小さじ2

作り方

1 高密度ポリエチレン製のポリ袋に缶汁ごと材料を全て入れて混ぜ、空気を抜きながらねじり上げ、袋の上のほうを結ぶ。

2 皿を敷いて1/3の水を入れた鍋に1を入れ、蓋をして火をつける。沸騰したら中火～弱火にし、そのまま約5分間加熱する。火を止めて蓋をしたまま5分間蒸らす。

アレンジレシピ

しりしりそうめん

そうめんがのどごしよく、さっぱり食べやすい主食です。

追加食材　〝そのまま入れられる〟そうめん…20g、水…1/2～1カップ（100～200ml）＊そうめんに塩気があるので、調味料は増やしません。

作り方　みそ汁の具材と一緒にそうめんを入れて、5分間加熱する。

栄養素

DHA・EPA・たんぱく質・β-カロテン

DHAやEPAなどの
良質な脂質を摂って
記憶力アップ。

さけ水煮缶
干し輪切り大根
乾燥人参
乾燥ねぎ

石狩汁風みそ汁

しっかり魚が食べられるご馳走みそ汁。
甘みと風味が増した大根は、煮崩れの心配もありません。

材料・1人分

さけ水煮缶…30g
干し輪切り大根…5枚
乾燥人参…5g
乾燥ねぎ…少々
水…1カップ（200ml）
顆粒だし…小さじ1/3
白みそ…小さじ2

作り方

1. 高密度ポリエチレン製のポリ袋に缶汁ごと材料を全て入れて混ぜ、空気を抜きながらねじり上げ、袋の上のほうを結ぶ。

2. 皿を敷いて1/3の水を入れた鍋に1を入れ、蓋をして火をつける。沸騰したら中火〜弱火にし、そのまま約5分間加熱する。火を止めて蓋をしたまま5分間蒸らす。

食材memo

大根は干すと水分が抜けて甘みが増します。輪切りにした大根は、シャキシャキとした歯ごたえも残って食べごたえがあります。

栄養素

DHA・EPA・たんぱく質・アスタキサンチン

» さけの骨と皮も丸ごと食べて
カルシウムとコラーゲンを摂取。
アスタキサンチンで抗酸化力アップ。

いわしの冷や汁風

暑い日は、冷たいみそ汁でクールダウン。
かば焼きとごまの香ばしさが口の中に広がります。

材料・1人分

いわしかば焼き缶…1缶
水…1カップ（200ml）
白すりごま…大さじ1
お好みで酢…少々

作り方

1 ポリ袋に材料を全て入れて、いわしを潰してよく混ぜる。お好みで酢を入れる。

食材memo

いわしなどの青魚に多く含まれる栄養素・EPAは、血液をサラサラにする、動脈硬化や心筋梗塞を予防、中性脂肪を減らす、脂肪燃焼を促すなどの効果が期待できます。

栄養素

DHA・EPA・たんぱく質・ビタミンD

いわしのたんぱく質に
含まれるイワシペプチドは
血圧低下に効果。

さば水煮缶
かつお節

さばみそ汁

ボリューミーな〝おかずみそ汁〟に大満足することでしょう。
かつお節のうま味と香りをプラス。

材料・1人分

さば水煮缶…1/2缶
かつお節…2g
水…1カップ(200ml)
顆粒だし…小さじ1/3
みそ…小さじ2

作り方

1 高密度ポリエチレン製のポリ袋に材料を全て入れて混ぜ、空気を抜きながらねじり上げ、袋の上のほうを結ぶ。

2 皿を敷いて1/3の水を入れた鍋に1を入れ、蓋をして火をつける。沸騰したら中火〜弱火にし、そのまま約5分間加熱する。火を止めて蓋をしたまま5分間蒸らす。

食材 memo

DHAを摂ることで、記憶力のアップ、アルツハイマーの改善、視力の改善、精神の安定、アレルギーの緩和に効果が期待できます。

栄養素

DHA・EPA・たんぱく質・ビタミン B_{12}・ビタミン D

» 青魚の中でも群を抜く含有量の DHA、EPA。
悪玉コレステロールや、中性脂肪を減らし、
善玉コレステロールを増やす。

魚介類を使って

あさりの鉄分とビタミンB_{12}のダブルで貧血予防。

栄養素

ビタミンB_{12}・タウリン・亜鉛・カルシウム

あさりにんにくみそ汁

真空パック入りのあさりは砂抜き不要、すぐに調理できます。

材料・1人分

真空パックあさり…30g
乾燥にんにくスライス…ひとつまみ 2g
水…1カップ（200ml）
顆粒だし…小さじ 1/3
みそ…小さじ 2

作り方

1. 高密度ポリエチレン製のポリ袋に材料を全て入れて混ぜ、空気を少し残したままねじり上げ、袋の上のほうを結ぶ。

2. 皿を敷いて 1/3 の水を入れた鍋に 1 を入れ、蓋をして火をつける。沸騰したら中火〜弱火にし、そのまま約 5 分間加熱する。火を止めて蓋をしたまま 5 分間蒸らす。

食材 memo

乾燥にんにくは、生よりも匂いが抑えられているので使い勝手がいいでしょう。水で戻してから使うように表示されているものでも、そのまま入れても大丈夫です。

しじみのオルニチンで
肝臓の働きが回復。

栄養素

たんぱく質・ビタミンB_{12}・オルニチン・タウリン

しじみと細切り高野豆腐みそ汁

殻なしの乾燥しじみを使えば、身の栄養が丸ごと摂れます。

材料・1人分

乾燥しじみ…大さじ1（5g）
細切り高野豆腐…大さじ1（4g）
水…1カップ（200ml）
顆粒だし…小さじ1/3
赤みそ…小さじ2

作り方

1. 高密度ポリエチレン製のポリ袋に材料を全て入れて混ぜ、空気を抜きながらねじり上げ、袋の上のほうを結ぶ。

2. 皿を敷いて1/3の水を入れた鍋に1を入れ、蓋をして火をつける。沸騰したら中火～弱火にし、そのまま約5分間加熱する。火を止めて蓋をしたまま5分間蒸らす。

食材memo

乾燥しじみは、そのまま入れられる優れもの。しじみに含まれるオルニチンやタウリンは水溶性なので、汁を飲むことで、体に十分、取り入れられます。

column

断水時の野菜の切り方・洗い方と調理器具の扱いについて

断水している時は野菜が洗えません。それぞれの野菜と、調理器具の扱い方を紹介しますます。

根もの野菜、根菜

大根、人参、じゃがいも、サトイモ、サツマイモ、ごぼう、かぶなど、泥がついている場合は、水で洗う必要がありますが、流通しているものは洗わなくても、ピーラーで皮をむいて食べられるものもあります。

大根、人参、かぶは生のまま食べられます。

葉もの野菜

ほうれん草や小松菜など、根元に土が溜まっていたらその部分を切り落として、汚れているところをウェットティッシュでふきます。

できればきれいな水でため洗いして、その水を再利用できるとよいでしょう。

枝にできる実もの野菜

トマト、なす、ピーマン、キュウリなどは、タオルやウェットティッシュでふいて、生のまま食べられます。

ただし、ヘタの部分に雑菌がつきやすいので、ヘタは取り除いてください。

調理器具の扱いについて

- 野菜は紙皿をまな板代わりにして包丁で切り、紙皿は捨て、包丁はウェットティッシュでふきます。
- まな板にラップを敷いて切ると滑りやすくて危険で、すぐにラップが切れてしまいます。
- ピーラーやキッチンバサミはウェットティッシュでふきましょう。その時、ピーラーやキッチンバサミの刃で手を切ることがあるので、注意してください。

Part 2

スープレシピ

スープの基本は、水＝1カップ（200ml）、
顆粒だし＝小さじ1/2（1.5g）になっています。

レシピに塩は入れていません。
味を確認してからお好みで塩を加えて、味を整えてください。

全てのレシピは、鍋で煮て作ることができます。

乾燥れんこん
揚げ玉
乾燥ねぎ

和風カレースープ

食欲がない時でも、カレー味で食欲も増します。
いつもは料理の脇役・揚げ玉が、コク出しに一役買っています。

材料・1人分

乾燥れんこん…ひとつまみ 5g
揚げ玉…大さじ 1（3g）
乾燥ねぎ…少々
水…1カップ（200ml）
顆粒だし…小さじ 1/2
カレー粉…小さじ 1/2

作り方

1. 高密度ポリエチレン製のポリ袋に材料を全て入れ、空気を抜きながらねじり上げ、袋の上のほうを結ぶ。
2. 皿を敷いて 1/3 の水を入れた鍋に 1 を入れ、蓋をして火をつける。沸騰したら中火～弱火にし、そのまま約 5 分間加熱する。火を止めて蓋をしたまま 5 分間蒸らす。

食材 memo

れんこんの穴は、太いれんこんでも、細いれんこんでも、必ず真ん中に 1 個、その周りに 9 個か 10 個、あいているそうです。

栄養素

ビタミンC・カリウム・食物繊維

》れんこんのビタミンCで
美肌を手に入れる。

小松菜とちりめんじゃこのスープ

小さな身に栄養が凝縮されているちりめんじゃこ。
くせのないあっさり味に食が進みます。

材料・1人分

乾燥小松菜…大さじ1（4g）
ちりめんじゃこ…大さじ1（4g）
水…1カップ（200ml）
顆粒だし…小さじ1/2

作り方

1. 高密度ポリエチレン製のポリ袋に材料を全て入れ、空気を抜きながらねじり上げ、袋の上のほうを結ぶ。

2. 皿を敷いて1/3の水を入れた鍋に1を入れ、蓋をして火をつける。沸騰したら中火～弱火にし、そのまま約5分間加熱する。火を止めて蓋をしたまま5分間蒸らす。

食材memo

ちりめんじゃこはいわしの稚魚を天日干ししたもの。脳を元気にするDHAや、動脈硬化を予防するEPAも多く含まれている体が喜ぶ食材です。

栄養素

たんぱく質・カルシウム・鉄分

》小松菜とちりめんじゃこで、
たっぷり摂れるカルシウム。
骨元気が健康長寿のもと。

ホタテの塩昆布スープ

ホタテのうま味と、塩昆布がスープの素になっています。
海の幸が具材としても美味しく食べられます。

材料・1人分

ホタテ缶…30g
塩昆布…大さじ1（5g）
乾燥ねぎ…少々
水…1カップ（200ml）

作り方

1 高密度ポリエチレン製のポリ袋に缶汁ごと材料を全て入れ、空気を抜きながらねじり上げ、袋の上のほうを結ぶ。

2 皿を敷いて1/3の水を入れた鍋に1を入れ、蓋をして火をつける。沸騰したら中火〜弱火にし、そのまま約5分間加熱する。火を止めて蓋をしたまま5分間蒸らす。

食材memo

そのまま食べられてうま味がだしになる塩昆布は、食物繊維やミネラルが豊富です。塩分の取りすぎに気をつけて、だしとして使ってみてください。

栄養素

ビタミンB_1・タウリン・亜鉛

» ホタテのビタミンB_1と
タウリンで疲労回復。
グリシンが不眠解消に役立つ。

ごぼうと干しえびのスープ

干しえびのだしがスープに溶けこんでいます。
シンプルだけど味わい深い美味しさです。

材料・1人分

干しささがきごぼう…2つまみ（2g）
干しえび（桜海老）…大さじ1（2g）
水…1カップ（200ml）
顆粒だし…小さじ1/2

作り方

1 高密度ポリエチレン製のポリ袋に材料を全て入れ、空気を抜きながらねじり上げ、袋の上のほうを結ぶ。

2 皿を敷いて1/3の水を入れた鍋に1を入れ、蓋をして火をつける。沸騰したら中火〜弱火にし、そのまま約5分間加熱する。火を止めて蓋をしたまま5分間蒸らす。

食材memo

桜海老は、「サクラエビ」という種類のえびのことで、干しえびとは、様々なえびを乾燥させたもの。少量でもたっぷりのカルシウムが摂れる干しえびを積極的に食べましょう。

栄養素

カルシウム・食物繊維・銅

カルシウム満点の干しえび。
食物繊維豊富なごぼうで腸の働きを活性化。

乾燥なす
きざみ麩
乾燥ねぎ

なすときざみ麩スープ

スープをたっぷりしみこんだなすが、口の中でとろけます。
トロリ食感のお麩はお子さんも大好きでしょう。

材料・1人分

乾燥なす…5g
きざみ麩…5g
乾燥ねぎ…少々
水…1カップ（200ml）
顆粒だし…小さじ1/2

作り方

1 高密度ポリエチレン製のポリ袋に材料を全て入れ、空気を抜きながらねじり上げ、袋の上のほうを結ぶ。

2 皿を敷いて1/3の水を入れた鍋に1を入れ、蓋をして火をつける。沸騰したら中火～弱火にし、そのまま約5分間加熱する。火を止めて蓋をしたまま5分間蒸らす。

食材memo

板状になった庄内麩を食べやすい大きさに切ったきざみ麩は、みそ汁の他にも、煮物やすき焼き、酢の物などにもぴったりの食材です。

栄養素

カリウム・ナスニン・たんぱく質

なすのカリウムが体の熱を逃がし夏バテ解消。
保水性の高いお麩は
少量で満腹感が得られるうれしい食材。

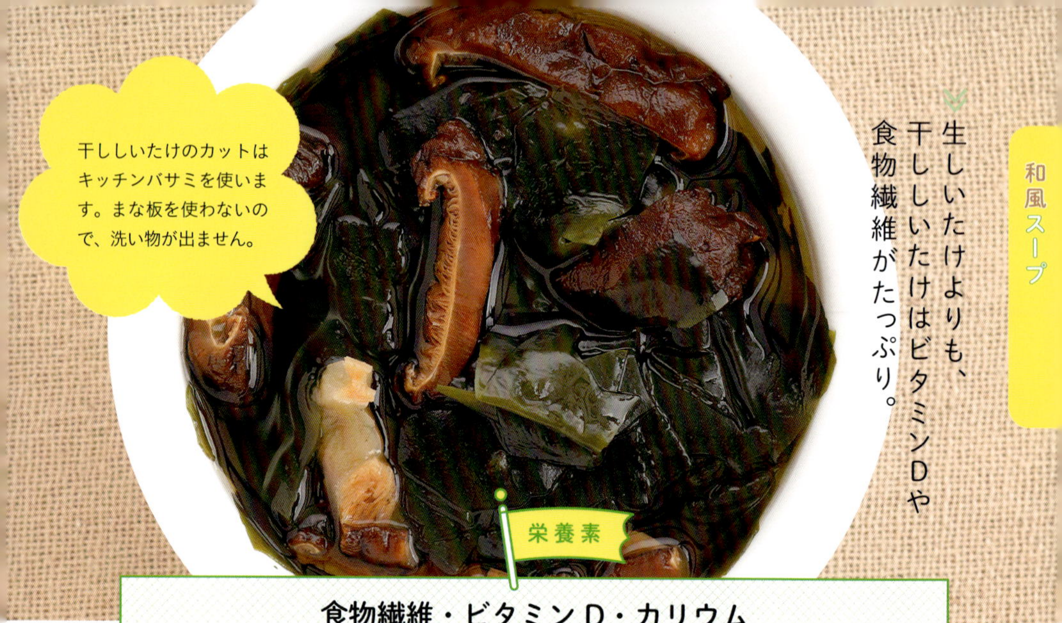

干ししいたけのカットはキッチンバサミを使います。まな板を使わないので、洗い物が出ません。

生しいたけよりも、干ししいたけはビタミンDや食物繊維がたっぷり。

栄養素

食物繊維・ビタミンD・カリウム

わかめとしいたけの昆布茶スープ

しいたけのうま味と昆布茶がとけ合う、失敗なしの美味しさです。

材料・1人分

乾燥カットわかめ…大さじ1（2g）
干ししいたけ
（キッチンバサミで切る）…1枚（4g）
水…1カップ（200ml）
昆布茶…小さじ1/3

作り方

1. 高密度ポリエチレン製のポリ袋に材料を全て入れ、空気を抜きながらねじり上げ、袋の上のほうを結ぶ。

2. 皿を敷いて1/3の水を入れた鍋に**1**を入れ、蓋をして火をつける。沸騰したら中火〜弱火にし、そのまま約5分間加熱する。火を止めて蓋をしたまま5分間蒸らす。

食材memo

昆布を刻んだり、粉末にしてある昆布茶は、うま味が凝縮されています。だしとしても、ちょい足し調味料にもなる優れものです。

昆布のミネラルと食物繊維で
生活習慣病予防。
高血圧や動脈硬化予防に効果。

栄養素

カルシウム・鉄分・食物繊維

とろろ昆布の梅干しスープ

とろける昆布に、梅干しのほどよい酸味がからんで美味。

材料・1人分

とろろ昆布…2g
梅干し…大きめ1個
水…1カップ（200ml）
しょうゆ…小さじ1/2

作り方

1 高密度ポリエチレン製のポリ袋に材料を全て入れ、空気を抜きながらねじり上げ、袋の上のほうを結ぶ。

2 皿を敷いて1/3の水を入れた鍋に1を入れ、蓋をして火をつける。沸騰したら中火～弱火にし、そのまま約5分間加熱する。火を止めて蓋をしたまま5分間蒸らす。

食材memo

梅は豊富なクエン酸が含まれていて、疲労回復に効果を発揮します。また殺菌効果があるので、夏場のお弁当に梅干しを入れるのは理にかなっています。

しじみの潮汁

うま味成分がとけ出したスープが疲れた体にしみます。
磯の香りを楽しんでください。

材料・1人分

真空パックしじみ…30g
乾燥ねぎ…少々
水…1カップ（200ml）
白だし…小さじ1
（または、顆粒だし・小さじ1/2に変えてもOKです。）

作り方

1 高密度ポリエチレン製のポリ袋に材料を全て入れ、空気を少し残したままねじり上げ、袋の上のほうを結ぶ。

2 皿を敷いて1/3の水を入れた鍋に1を入れ、蓋をして火をつける。沸騰したら中火～弱火にし、そのまま約5分間加熱する。火を止めて蓋をしたまま5分間蒸らす。

食材memo

このレシピでは、真空パックに入って常温保存可能なしじみを使いました。真空パックの商品でも要冷蔵のものがあるので、必ず食品表示を確認して購入してください。

栄養素

たんぱく質・ビタミンB_{12}・鉄分・ビタミンB_1

肝臓の働きを助けるオルニチンと
夏バテに効くタウリンで健康に。

大根葉ののりスープ

大根葉のシャキシャキ食感に、食が進むことでしょう。
シンプルだからこそ、のりの香りが楽しめます。

材料・1人分

乾燥大根葉…大さじ1（4g）
焼きのり（手でちぎる）…手巻き用1枚
水…1カップ（200ml）
顆粒だし…小さじ1/2

作り方

1. 高密度ポリエチレン製のポリ袋に材料を全て入れ、空気を抜きながらねじり上げ、袋の上のほうを結ぶ。
2. 皿を敷いて1/3の水を入れた鍋に1を入れ、蓋をして火をつける。沸騰したら中火〜弱火にし、そのまま約5分間加熱する。火を止めて蓋をしたまま5分間蒸らす。

食材 memo

大根の葉には栄養が豊富に含まれています。特にビタミンA、ビタミンC、カルシウムがたっぷり含まれているので、生野菜の場合は捨てずに食べてください。

栄養素

ビタミンC・ビタミンA・カルシウム

» 大根葉の鉄分とのりの葉酸の
ダブルで貧血予防。
女性におすすめ、栄養たっぷり。

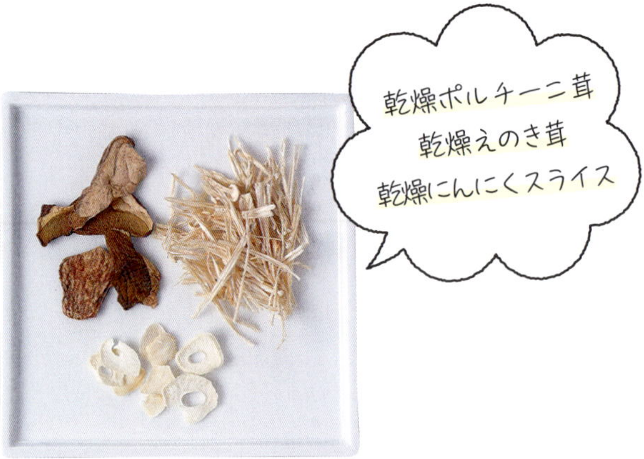

きのこのガーリックスープ

きのこは乾燥させるとより香りが強くなります。
にんにくがきいた大人味を楽しんでください。

材料・1人分

乾燥ポルチーニ茸…2g
乾燥えのき茸…2つまみ（3g）
乾燥にんにくスライス…ひとつまみ（2g）
水…1カップ（200ml）
顆粒だし…小さじ1/2

作り方

1 高密度ポリエチレン製のポリ袋に材料を全て入れ、空気を抜きながらねじり上げ、袋の上のほうを結ぶ。

2 皿を敷いて1/3の水を入れた鍋に1を入れ、蓋をして火をつける。沸騰したら中火～弱火にし、そのまま約5分間加熱する。火を止めて蓋をしたまま5分間蒸らす。

アレンジレシピ

きのこのペンネスープ

味をみて、塩、こしょうで味を調えましょう。

追加食材　早ゆでペンネ…20g、水…1/2～1カップ（100～200ml）

作り方　スープの具材と一緒に早ゆでペンネを入れて、5分間加熱する。

栄養素

ビタミンD・食物繊維・ビタミンB_2

» 食物繊維が豊富なきのこで便秘予防、
ビタミンDで生活習慣病の予防効果も。

牛肉の大和煮缶
乾燥野菜ミックス
野菜ジュース

ボルシチ風スープ

牛肉でエネルギー補給をしましょう。
ミックス野菜を使ってボリュームたっぷりのごちそうスープ。

材料・1人分

牛肉の大和煮缶…30g
乾燥野菜ミックス…5g
野菜ジュース（食塩なし）……1本（160ml）
顆粒コンソメ…小さじ1/2
こしょう…少々

作り方

1 高密度ポリエチレン製のポリ袋に材料を全て入れ、空気を抜きながらねじり上げ、袋の上のほうを結ぶ。

2 皿を敷いて1/3の水を入れた鍋に1を入れ、蓋をして火をつける。沸騰したら中火～弱火にし、そのまま約5分間加熱する。火を止めて蓋をしたまま5分間蒸らす。

食材 memo

野菜ジュースは種類によっては果物が入っていたり、甘い味のものもあるので、選ぶ時には、食品表示を確認するようにしてください。

栄養素

たんぱく質・亜鉛・リコピン・ビタミンC

》お肉は健康維持に欠かせないスタミナ源。
筋肉や皮膚のもととなるたんぱく質が豊富。

断水時の野菜の
切り方・洗い方は
66ページに掲載

魚肉ソーセージ
じゃがいも
たまねぎ
人参

ポトフ

根菜類も15分待てば出来上がる簡単さ。
魚肉ソーセージを加えて腹持ちのいい一品。

材料・1人分

魚肉ソーセージ
（キッチンバサミで切る）…30g
じゃがいも…1/4個（25g）
たまねぎ…1/8個（20g）
人参…3cm（20g）
顆粒コンソメ…小さじ1/2
水…1カップ（200ml）

作り方

1 野菜は全て薄めに切る。高密度ポリエチレン製のポリ袋に材料を全て入れ、空気を抜きながらねじり上げ、袋の上のほうを結ぶ。

2 皿を敷いて1/3の水を入れた鍋に1を入れ、蓋をして火をつける。沸騰したら中火〜弱火にし、そのまま約15分間加熱する。火を止めて蓋をしたまま5分間蒸らす。

食材memo

魚肉ソーセージは、開封後に食べきれなかった時は、冷蔵庫に入れる必要があります。しかも日持ちしないので、その日のうちに食べきってしまいましょう。

栄養素

たんぱく質・ビタミンC・カルウム・β-カロテン

高たんぱくで、カルシウムなどを含んだ
栄養価が高い、魚肉ソーセージ。
健康維持に役立つ食材。

カルパスときゃべつの豆乳スープ

きゃべつの甘さと、カルパスの塩味が絶妙にマッチ。
ほどよい濃厚スープがクセになる美味しさです。

材料・1人分

カルパス（キッチンバサミで切る）…20g
乾燥きゃべつ…大さじ1（4g）
常温保存可能豆乳…1カップ（200ml）
顆粒コンソメ…小さじ1/2
こしょう…少々

作り方

1 高密度ポリエチレン製のポリ袋に材料を全て入れ、空気を抜きながらねじり上げ、袋の上の方を結ぶ。

2 皿を敷いて1/3の水を入れた鍋に1を入れ、蓋をして火をつける。沸騰したら中火～弱火にし、そのまま約5分間加熱する。火を止めて蓋をしたまま5分間蒸らす。

ドライソーセージとセミドライソーセージの違いとは？

ドライソーセージに区分されるサラミは、豚肉と牛肉で作られ、その水分量が35%以下になっています。一方、セミドライソーセージのカルパスは豚肉、牛肉、鶏肉で作られ、水分量は35%～55%のものです。カルパスのほうが柔らかいのは、水分量が多いからです。

栄養素

たんぱく質・ビタミンC・カリウム・イソフラボン

女性にうれしい大豆の栄養素が
ぎっしり詰まった豆乳。
美肌やアンチエイジングに効果を発揮。

卵は常温保存可能ですが、冷蔵庫に入れたものは早めに食べましょう。

卵
パン粉
粉チーズ

ミルファンティスープ

ミルファンティとは**卵とチーズを使った洋風スープ**のことです。
パン粉でボリュームアップ。**ふわふわ食感**で大人も子どもも大好きな味。

材料・1人分

卵…1個
A
- パン粉…大さじ1（4g）
- 粉チーズ…大さじ1（5g）
- 水…1カップ（200ml）
- 顆粒コンソメ…小さじ1/2

黒こしょう…少々

作り方

1. 高密度ポリエチレン製のポリ袋に卵を割り入れ、Aを入れて混ぜ、空気を抜きながらねじり上げ、袋の上のほうを結ぶ。
2. 皿を敷いて1/3の水を入れた鍋に1を入れ、蓋をして火をつける。沸騰したら中火〜弱火にし、そのまま約5分間加熱する。火を止めて蓋をしたまま5分間蒸らす。食べる時に黒こしょうをかける。

アレンジレシピ

ミルファンティリゾット

味をみて、塩、こしょうで味を調えましょう。

追加食材　パックごはん…100g

作り方　スープの具材と一緒にごはんを入れて、5分間加熱する。

栄養素

たんぱく質・カルシウム・炭水化物

カルシウムが豊富な粉チーズ、
エネルギーになるパン粉と、
栄養価の優等生・卵と合わせて体元気に。

炭水化物がしっかり摂れる。
コーンはエネルギー源。

栄養素

炭水化物・ビタミン B_1・カリウム

コーンスープ

コーンクリームで甘さたっぷり、優しい味わいに心がほっこり。

材料・1人分

A
- コーンクリーム缶…100g
- 水…1/2カップ（100ml）
- 鶏がらスープの素…小さじ1/2
- こしょう…少々

クラッカー…1枚

作り方

1. 高密度ポリエチレン製のポリ袋にAを入れて混ぜ、空気を抜きながらねじり上げ、袋の上のほうを結ぶ。
2. 皿を敷いて1/3の水を入れた鍋に1を入れ、蓋をして火をつける。沸騰したら中火〜弱火にし、そのまま約5分間加熱する。火を止めて蓋をしたまま5分間蒸らす。食べる時にクラッカーを砕いてのせる。

食材memo

コーンクリーム缶は、とうもろこしをクリーム状にペーストしたものです。缶詰だけではなく、エコな紙容器に入っているものも発売されています。

トマトのリコピンで老化防止、美肌効果も。

栄養素

リコピン・カリウム・ビタミンA

ガスパチョ

ミキサーいらずの、さっぱり飲みやすいお手軽スープ。

材料・1人分

トマトジュース（低塩）…1本（190ml）
オリーブ油…小さじ1/2
コーンフレーク…3g
ドライパセリ…少々

作り方

1 器にポリ袋をかけてトマトジュースを入れ、上にオリーブ油、コーンフレーク、ドライパセリをのせる。

食材memo

トマトジュースにオリーブオイルを入れると、リコピンの吸収が高まります。リコピンは抗酸化作用が高く、アンチエイジングに効果を発揮します。

牛乳も常温保存できるものが発売されています。ただし開封したら冷蔵保存が必要です。

粉末マッシュポテト
常温保存可能牛乳

マッシュポテトのミルクスープ

マッシュポテトでスープ作り、じゃがいもの裏ごし不要。
熱々を食べても、冷やして食べても、どちらも美味。

材料・1人分

A
- 粉末マッシュポテト…大さじ2（20g）
- 常温保存可能牛乳…1本（200ml）
- 顆粒コンソメ…小さじ1/3

ドライパセリ…少々

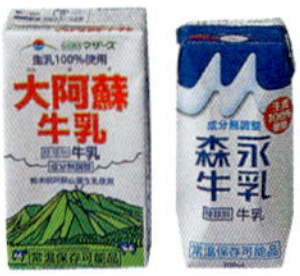

常温保存
可能牛乳

作り方

1. 高密度ポリエチレン製のポリ袋にAを入れてよく混ぜ、空気を抜きながらねじり上げ、袋の上のほうを結ぶ。
2. 皿を敷いて1/3の水を入れた鍋に1を入れ、蓋をして火をつける。沸騰したら中火〜弱火にし、そのまま約5分間加熱する。火を止めて蓋をしたまま5分間蒸らす。食べる時によくかき混ぜてドライパセリをかける。

食材memo

乾燥マッシュポテトはポテトサラダやマッシュポテトが簡単に作れます。お菓子の「じゃがりこ」でも、お湯を100ml入れてふやかして混ぜると、同様にマッシュポテトやポテトサラダが作れます。

栄養素

たんぱく質・カルシウム・銅

≫牛乳は栄養バランスのよい優れた食品。
カルシウム補給の優等生。

ポテトチップスとレーズンのスープ

ポテトチップスがしっとりじゃがいもに早変わり。
レーズンの甘酸っぱさがほどよくからみます。

材料・1人分

ポテトチップス…ひとつまみ（5g）
レーズン…小さじ1（10g）
水…1カップ（200ml）
顆粒コンソメ…小さじ1/2
こしょう…少々

作り方

1 高密度ポリエチレン製のポリ袋に材料を全て入れ、空気を抜きながらねじり上げ、袋の上のほうを結ぶ。

2 皿を敷いて1/3の水を入れた鍋に1を入れ、蓋をして火をつける。沸騰したら中火〜弱火にし、そのまま約5分間加熱する。火を止めて蓋をしたまま5分間蒸らす。

食材memo

レーズンは、炭水化物やカリウムの他、鉄分などのミネラルやビタミンB_1、B_6、食物繊維などもバランスよく含み、子どものおやつにもオススメです。

栄養素

炭水化物・カリウム・鉄分

ぶどうのポリフェノールで
アルツハイマー予防。
抗酸化作用でアンチエイジング効果も。

さきいかと春雨の中華スープ

さきいかのだしがやみつきになる美味しさです。
つるっとのどごしいい春雨が食べやすい。

材料・1人分

A
- さきいか（キッチンバサミで食べやすい大きさに切る）…20g
- 春雨（キッチンバサミで半分に切る）…20g
- 水…1カップ（200ml）
- 中華だし…小さじ1/3

ごま油…小さじ1
黒こしょう…少々

作り方

1. 高密度ポリエチレン製のポリ袋にAを入れて混ぜ、空気を抜きながらねじり上げ、袋の上のほうを結ぶ。
2. 皿を敷いて1/3の水を入れた鍋に1を入れ、蓋をして火をつける。沸騰したら中火～弱火にし、そのまま約5分間加熱する。火を止めて蓋をしたまま5分間蒸らす。食べる時にごま油と黒こしょうをかける。

食材memo

さきいかは高たんぱく、低カロリーの健康食品です。さきいかをよく噛むことで、脳に酸素が多く運ばれ、イライラ解消効果が期待できます。

栄養素

たんぱく質・タウリン・炭水化物

》でんぷんから作られる春雨は、
良質の炭水化物。
消化がいいので、胃にも優しい。

ミックスビーンズのチリコンカンスープ

肉と豆をトマトで煮込んだアメリカ生まれのチリコンカン。
コンビーフで、ボリューミーな本場風の味が楽しめます。

材料・1人分

あらごしトマトパック…100g
コンビーフ…30g
ミックスビーンズドライパック…30g
水…1/2カップ（100ml）
顆粒コンソメ…小さじ1/2

作り方

1 高密度ポリエチレン製のポリ袋に材料を全て入れて混ぜ、空気を抜きながらねじり上げ、袋の上のほうを結ぶ。

2 皿を敷いて1/3の水を入れた鍋に 1 を入れ、蓋をして火をつける。沸騰したら中火～弱火にし、そのまま約5分間加熱する。火を止めて蓋をしたまま5分間蒸らす。

ハサミ不要の便利商品

開け口にミシン目が入っていて、手で開けられる便利な紙パック入りが増えています。

栄養素

たんぱく質・ビタミンB_1・ビタミンB_2・ビタミンE

食物繊維が豊富で食べごたえのある豆は、
女性が積極的に摂りたい食材。

ココナッツカレースープ

濃厚な甘さに、ほのかに香るカレー風味があとを引きます。
ピリッと辛いサラミがアクセントに。

材料・1人分

ココナッツミルク…1/2カップ（100ml）
水…1/2カップ（100ml）
ドライサラミ
（キッチンバサミで切る）…20g
ホールコーンドライパック…大さじ1（15g）
顆粒コンソメ…小さじ1/2
カレー粉…小さじ1/2

作り方

1 高密度ポリエチレン製のポリ袋に材料を全て入れて混ぜ、空気を抜きながらねじり上げ、袋の上のほうを結ぶ。

2 皿を敷いて1/3の水を入れた鍋に1を入れ、蓋をして火をつける。沸騰したら中火～弱火にし、そのまま約5分間加熱する。火を止めて蓋をしたまま5分間蒸らす。

容量の少なめのものがオススメ

ココナッツミルクは開けてから室温で放置すると、酸化してすぐに傷んでしまいます。容量の少なめなものを選び、早めに使いきりましょう。

栄養素

脂質・たんぱく質・炭水化物

≫炭水化物を多く含むとうもろこしは
エネルギー食材。

高菜の辛み成分・イソチオシアネートが殺菌効果を発揮。

栄養素

β-カロテン・ビタミンC・ビタミンK

韓国のりスープ

韓国のり特有の油の香ばしさと、塩気がスープにからみます。

材料・1人分

乾燥高菜…大さじ 1（4g）
韓国のり（手でちぎる）…2～3 枚
水…1 カップ（200ml）
鶏がらスープの素…小さじ 1/2

作り方

1 高密度ポリエチレン製のポリ袋に材料を全て入れ、空気を抜きながらねじり上げ、袋の上の方を結ぶ。

2 皿を敷いて 1/3 の水を入れた鍋に 1 を入れ、蓋をして火をつける。沸騰したら中火～弱火にし、そのまま約 5 分間加熱する。火を止めて蓋をしたまま5分間蒸らす。

食材 memo

日本ののりと比べて薄く、ごま油や塩がまぶしてあるのが韓国のりの特徴です。ビタミン、ミネラル、食物繊維、鉄分、カルシウムなどの栄養素が豊富に含まれます。

鶏のささみは、脂肪分をほとんど含まないヘルシー食材。

栄養素

たんぱく質・ビタミンA・ビタミンB_2

参鶏湯《サムゲタン》風スープ

丸ごとの鶏にもち米を詰めて煮込む参鶏湯を、鶏ささみ缶でお手軽に。

材料・1人分

鶏ささみ缶…1/2缶
スライスしいたけ…2g
乾燥ねぎ…少々
水…1カップ（200ml）
鶏がらスープの素…小さじ1/2

作り方

1. 高密度ポリエチレン製のポリ袋に缶汁ごと材料を全て入れ、空気を抜きながらねじり上げ、袋の上の方を結ぶ。
2. 皿を敷いて1/3の水を入れた鍋に1を入れ、蓋をして火をつける。沸騰したら中火～弱火にし、そのまま約5分間加熱する。火を止めて蓋をしたまま5分間蒸らす。

食材memo

干ししいたけのうま味成分であるグアニル酸は、生のしいたけにはほとんど含まれていません。干すことでうま味が10倍にも増加します。

焼き鳥缶
切干大根
乾燥人参

クッパ風スープ

ほのかに辛いスープに、ごはんが進みます。
焼き鳥、大根、人参の甘みが引き立つスープです。

材料・1人分

A
- 焼き鳥缶…1/2缶
- 切干大根
  (長ければキッチンバサミで切る)…5g
- 乾燥人参…3g
- 水…1カップ（200ml）
- 鶏がらスープの素…小さじ1/2
- コチュジャン…小さじ1/2

ごま油…小さじ1

作り方

1 高密度ポリエチレン製のポリ袋に缶汁ごとAを入れて混ぜ、空気を抜きながらねじり上げ、袋の上のほうを結ぶ。

2 皿を敷いて1/3の水を入れた鍋に1を入れ、蓋をして火をつける。沸騰したら中火〜弱火にし、そのまま約5分間加熱する。火を止めて蓋をしたまま5分間蒸らす。食べる時にごま油をかける。

食材memo

コチュジャンはもち米麹・唐辛子の粉などを主材料にした韓国の発酵食品。辛い中にも甘みが混じった独特の調味料です。

栄養素

たんぱく質・鉄分・食物繊維・カルシウム

》焼き鳥缶の鉄分で貧血予防。
ビタミンKが歯や骨の形成に役立つ。

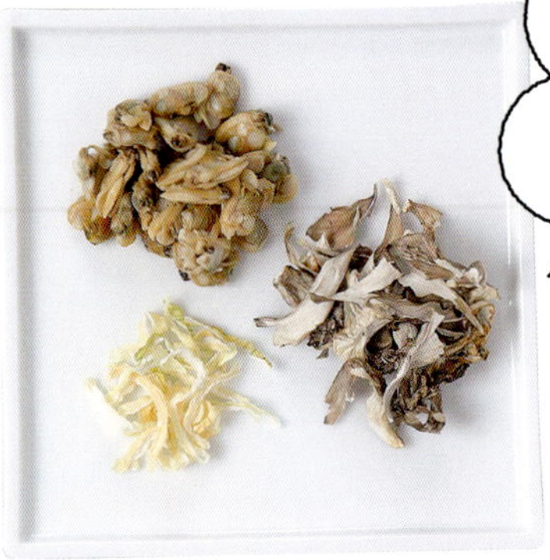

あさり缶
乾燥まいたけ
乾燥たまねぎ

トムヤムクン風スープ

あさりのうま味がスープにしみわたります。
レモン汁の酸味でスッキリさわやか味。

材料・1人分

あさり缶…1/2 缶
乾燥まいたけ…ひとつまみ（3g）
乾燥たまねぎ…ひとつまみ（2g）
水…1 カップ (200ml)
鶏がらスープの素…小さじ 1/2
レモン汁…小さじ 1

作り方

1 高密度ポリエチレン製のポリ袋に缶汁ごと材料を全て入れて混ぜ、空気を抜きながらねじり上げ、袋の上のほうを結ぶ。

2 皿を敷いて 1/3 の水を入れた鍋に 1 を入れ、蓋をして火をつける。沸騰したら中火〜弱火にし、そのまま約 5 分間加熱する。火を止めて蓋をしたまま 5 分間蒸らす。

食材 memo

干したたまねぎは、ケルセチンが増加し、その抗酸化作用により血流の改善や動脈硬化予防などが期待できます。また、ツンとした匂いもなくなり食べやすくなります。

栄養素

たんぱく質・タウリン・ビタミンB_2・亜鉛

あさりには良質なたんぱく質や、
マグネシウム、亜鉛などの
不足しがちなミネラルがいっぱい。

疲れた時に甘いものを食べると、ストレスが軽減されたりします。スイーツ汁でほっこりしてください。

栄養素

炭水化物・食物繊維・ビタミンB_1

おしるこ

ゆであずき缶とお餅で、簡単におしるこが出来上がります。

材料・1人分

ゆであずき缶…小1缶（100g）
水…100ml（ゆであずきと同量）
餅…1個

作り方

1. 高密度ポリエチレン製のポリ袋にゆであずきと水を入れて混ぜ、餅を入れる。空気を抜きながらねじり上げ、袋の上のほうを結ぶ。
2. 皿を敷いて1/3の水を入れた鍋に1を入れ、蓋をして火をつける。沸騰したら中火～弱火にし、そのまま約10分間加熱する。火を止めて蓋をしたまま5分間蒸らす。

栄養素

炭水化物・食物繊維・ビタミン B_1

ようかんでおしるこ

余っているようかんはありませんか。おしるこに変身します。

材料・1人分

ようかん（抹茶ようかんなどでも）…100g
水…100ml（ようかんと同量）
餅…1個

作り方

1 高密度ポリエチレン製ポリ袋にようかんを崩しながら入れ、水を入れてよく混ぜる。餅を入れて空気を抜きながらねじり上げ、袋の上のほうを結ぶ。

2 皿を敷いて1/3の水を入れた鍋に1を入れ、蓋をして火をつける。沸騰したら中火～弱火にし、そのまま約10分間加熱する。火を止めて蓋をしたまま5分間蒸らす。

栄養素

たんぱく質・ビタミンB_1・カルシウム

もなかミルクしるこ

もなかは皮も餡も、お好きなもの何を使ってもOKです。

材料・1人分

もなか…1～2個（50g）
常温保存可能牛乳…1/2カップ（100ml）

作り方

1 高密度ポリエチレン製ポリ袋にもなかを崩しながら入れ、牛乳を入れて混ぜ、空気を抜きながらねじり上げ、袋の上のほうを結ぶ。

2 皿を敷いて1/3の水を入れた鍋に1を入れ、蓋をして火をつける。沸騰したら中火～弱火にし、そのまま約5分間加熱する。

栄養素

脂質・たんぱく質・食物繊維

ココナッツぜんざい

コーンフレークをたくさん入れても美味しく食べられます。

材料・1人分

ココナッツミルク…1/2カップ（100ml）
ゆであずき缶…小1缶（100g）
コーンフレーク…3g

作り方

1 高密度ポリエチレン製ポリ袋にココナッツミルクとゆであずきを入れて混ぜ、空気を抜きながらねじり上げ、袋の上のほうを結ぶ。

2 皿を敷いて1/3の水を入れた鍋に1を入れ、蓋をして火をつける。沸騰したら中火～弱火にし、そのまま約5分間加熱する。食べる時にコーンフレークをのせる。

column

「ローリングストック」法で備える

乾燥野菜や缶詰などを備蓄したとしても、保存したままにしておくと、
いざ必要になった時に賞味期限ぎれということも起こります。
普段使いをしながら、使ったら買い足す「ローリングストック」を
オススメします。

少し多めの買い置きを

災害に備えて「1週間分以上の水と食料を、家族全員分備える必要がある」と身構えて考えると、備蓄に対してのハードルが高いと感じてしまうことでしょう。

しかし、特別なものを用意する必要はありません。普段購入する食料品のうち、常温保存できるものを少し多めに買い置きしておけば、無理なく揃えることができます。

賞味期限ぎれにしない

備蓄していて、うっかり賞味期限がきれて廃棄してしまったことはありませんか？

備えは大事なことですが、いざという時に使えなければ意味がありません。

備蓄食料はしまいこまずに普段の料理に使って消費し、使った分を買い足す「ローリングストック」法で備えてください。

備蓄食料は必ず食べてみる

大切なのは、「長期保存できる」などの条件で選んではいけないということです。

普段、乾物を食べたことがない方が、常温保存できる高野豆腐やお麩を購入しても、調理法のイメージがわかずに、災害時に活用できないかもしれません。

自分のいつもの食生活の中で使っているものでないと、いざという時に活用できません。

ローリングストックをする利点

- 賞味期限1年でよいので、選べる食品が増える。
- 普段から食べることで、賞味期限ぎれによる廃棄を減らすことができる。
- 日常的に食べるので、自分の好みのものを備蓄できる。

Part 3

最新防災情報

防災対策は、日々変わっていき、正解もありません。
今、一番最善の策だと思うことをお伝えしています。
様々な方法を知り、自分に合うやり方を見つけてください。

一番大切なことは命を守ること

身の安全を確保した後は、生き抜くための備えが必要

地震だけではなく、豪雪、豪雨、竜巻、火山噴火、土砂災害、土石流など、防ぎきれない災害が、日本のどこで起こっても不思議はないという環境の中で、私たちは暮らしています。

私は日頃、災害時における備えの大切さを伝えていますが、防災で一番大事なことは命を守ることです。

そのため普段から「もしここで地震が起きたら、どうすればいい？」「どうやって身を守る？」ということを想像し、考えるクセを付けることが重要となります。災害は想定外の出来事の連続だからです。

例えば、大きな地震が起きると、起きた瞬間だけではなく、その後に続く余震や津波、火災の発生など、次々に危険がせまってきます。

その時に慌てないよう、どんな行動をとればいいか、普段から考えておきましょう。

日頃から様々な想像や体験をすることが、自分を守る力につながります。身を守ることができてはじめて、災害食や日用品の備えがいきてくるのです。

災害はいつ起こるかわかりません。もし大規模災害が発生したら……。自宅に食料品や水などの備蓄をしていなかったために、慌ててスーパーやコンビニに走っても、お店に人が殺到して、あっという間に商品がなくなってしまいます。

そのため、自分で備える「自助」が必要となりますので、常温保存できる食料品を常備して災害時に備えてください。

とくに、野菜は栄養補給になるだけでなく、食卓を色彩豊かなものにすることができる食品です。

便利な乾燥野菜の他にも、じゃがいも、人参、たまねぎ、さつまいもなど、常温で保存できる野菜やいも類を常備しておくと安心です。

乾物も栄養価が高く、備蓄に最適な食材といえます。

何を備蓄する?

備蓄食品を選ぶ
ポイントについて

みなさんは「非常食」と聞いて、どんな食べ物を思い浮かべますか？　カンパンやアルファ化米を思い浮かべる方が多いことでしょう。

私の講演にいらしていただいた方にお聞きすると、カンパンを備蓄していると答える方は多いのですが、ほとんど「とりあえずしまっている」とのこと。アルファ化米を「これは非常食だから、非常の時にしか食べたらダメなのよ」と言う方もいらっしゃいます。

非常食という言葉から、普段食べるものではなく、特別なものとしてとらえてしまっているようです。「しまっておいたら賞味期限がきれていた」ということにもなりかねません。

非常食を特別なものにしないように、普段から食べて「非常食＝日常食」にしていただきたいと思っています。

家にカンパンがある方は、ケチャップやマヨネーズなどを〝ちょい足し〟して召し上がってみてください。これは小学生にも大人気で、おかわり続出です。「カンパンが苦手」という方でも食べやすくなるでしょう。まずは自分好みの味にしてみてください。

食べてみて「やっぱり口にあわない」と思った方は、備蓄しないほうがいいでしょう。普段食べたいと思わないものは、災害時にはもっと食べたくないものです。反対に食べていて美味しいと思うものは、災害時にあってよかったと思えるものなのです。

このように、備蓄食料を選ぶポイントは、自分や家族が好きなもので、普段から食べ慣れているものにすることです。非常時だからといって特別なものを食べるのではなく、いつも食べている普段の食事をとることが、安心につながります。

震災後の食事調査でわかったことは、非常時だからこそ、いつも食べている普段の食事を強く求めるということでした。自分と家族が好きな食べ物を備えましょう。

野菜は手に入らない

食物アレルギー対応食の備蓄も必要

大災害が発生し、流通がストップして食料品が手に入らず、停電で冷蔵庫が使えなくなる事態を想定し、常温で保存できるものを多めにストックしておくと安心です。

その場合も栄養バランスを考えて、米や麺類（主食）、メインのおかず（主菜）、サブのおかず（副菜）になる食料品もそろえましょう。

最低3日分、できれば1週間分、家族全員分の食料品を備蓄しておきたいものです。この他、水分補給のために水や各種飲料も忘れないように。

大規模災害が発生すると、場合によっては野菜が食べられなくなると思ってください。ほとんどの自治体に野菜の備蓄はなく、救援物資のお弁当には衛生面の問題から野菜はなかなか入れられません。

常備野菜が家にあると思っていても、あっという間に食べきってしまい、その後はなかなか手に入らない状態になるでしょう。

東日本大震災の時は野菜不足のせいで、便秘、口内炎、肌荒れなど体調不良で悩む方が増えました。野菜ジュースなど、自分にあった常温保存可能なものを備蓄し、バランスよく栄養をとるように心がけてください。

特定の食物を摂ることにより、じんましんやかゆみなどの症状が出る食物アレルギーを持っていると、血圧低下や意識障害などのショック症状を伴う場合があります。命をおびやかす危険がありますので、手に入る食料が制限される災害時は、注意が必要です。

熊本地震の時には4万食のアレルギー対応食がありましたが、食料が足りない状況の中で一般食料として配られた例もあったということです。命にかかわることなので、各ご家庭で備蓄することが大切となります。

備蓄食料は1週間分以上が推奨されていますが、食物アレルギーを持つ人は、不足した際に入手が困難になるので、より多くの備蓄が必要です。

災害後は、何がどうなる？

（１）発生〜３日まで
（２）４日目〜１週間まで
（３）１週間後〜１か月まで
（４）１か月後〜

大規模な災害が起きたあとに必要なものは、時間の経過とともに変わっていきます。食事を取り巻く環境が変わり体調管理が必要になってくるからです。

災害の規模によっては、日常の食事状態に戻れるまでには数か月かかる場合があるので、それぞれの時期にふさわしい食品を備えることが必要となります。

（1）発生〜3日目
人命救助、消火活動が優先の時

災害が起こった直後から3日間（72時間）は、人命救助、消火活動が最優先される大混乱状態なので、食べ物に手間をかけるのは不可能です。

ごはんを炊くことは難しく、乾麺があってもお湯を沸かせないかもしれません。そのため、封を開けてすぐ食べられるものが重宝します。開けてすぐに食べられるもの＋《プラス》飲み物を準備しておきましょう。

特に私たち人間にとって欠かすことができないのが飲料水。ペットボトルの水やお茶、野菜ジュースなどを組み合わせて必要量を確保しましょう。

また在宅避難をする場合は、冷蔵庫、冷凍庫にあるものを活用することも大切です。普段から「自然解凍で食べられる冷凍食品はどれか」なども意識してみてください。

（2）4日目〜1週間
まだまだ混乱している時期 1週間は自助で乗り切る

発災4日目になってもまだ混乱は続いています。被害が大きくなればなるほど復旧は遅れます。

この時期は、家に戻り在宅避難をする人が増えますが、まだライフラインはストップしている可能性が高いので、カセットコンロとガスボンベも必ず準備しておきましょう。熱源があれば、家にある食べ物が活用できます。

大規模災害の時は、道路が寸断、物流が混乱しているので救援物資はすぐには届きません。簡単に食べられる缶詰やレトルト食品、水や飲み物など1週間分ぐらいの備蓄が必要です。

1週間は自分で乗り切れるように備えてください。この時期も開けてすぐに食べられるものが重宝します。家族が朝・昼・夜と3食、食べられる分を備蓄しておいてください。

(3) 1週間後～1か月
やや落ち着きを取り戻す時期
電気が回復、体調を整える時

災害発生から1週間後くらいに電気が回復すると、電気炊飯器、電気ポット、電子レンジなどの使用が可能になります。この時期はまだガスと水道は回復していないかもしれませんが、飲料水の備蓄があれば、かなりの食品が役立ちます。

ごはんを炊くことができれば、レトルトのカレーやおかずの缶詰も役立ちます。ただし、生活水がないと洗い物ができないので、そうしたことへの配慮も必要です。

この時期はまだ流通がストップしていて、お店の商品棚は空っぽの状態かもしれません。災害時は生鮮食品が手に入りにくく、栄養の偏りから体調を崩しがちです。特に野菜不足による便秘や体調不良になることが多いので、意識して摂るようにしてください。

水も熱源も使えない時は、野菜ジュースやトマトジュースでビタミン、ミネラル、食物繊維を摂りましょう。水分補給にもなるので備蓄してください。

フルーツ缶詰、ドライフルーツ、ナッツ類や、食欲がない時にもエネルギー補給ができるゼリー飲料やスポーツドリンクもあると安心でしょう。

(4) 約1か月後～
日常へ向かう回復時期、普段の食事に近いものを食べたくなる

災害発生後1か月が経ち、物流が回復し始めても、ライフラインの復旧が遅れた場合は自宅での料理はまだ難しい状態です。

反対に電気、ガス、水道が使えても食材が手に入らなければ料理もできません。救援物資で届く食事だけでは栄養バランスが偏ってしまうかもしれません。

共助が進み、炊き出しなどで温かい

ごはんや野菜たっぷりのおみそ汁を食べられるかもしれませんが、やはり自分で備え、自宅で食べることができるのが理想です。

災害時には野菜が摂りにくい状況に陥りますが、仕方がないでは済まされない事態です。野菜を食べないとビタミン、ミネラル、食物繊維などが不足し、健康被害が出てくるからです。

災害が起きて1か月ほど経つと、野菜、果物など新鮮な食べ物が欲しくなり、普段の食事に近いものを強く欲します。はじめは仕方のないことと、無理をし我慢して食べていても、同じ食べ物の繰り返しはストレスになります。

ストレスがたまる環境の中で、少しでも自分の癒しになるようなお菓子や甘いものの備えも大切です。

災害時はないものにこだわらずあるものを活用し、いつもの食事をするということがとても大切です。

災害が起きた時もホカホカごはんや、おみそ汁など、普段食べている食事ができるようにするにはどうすればよいでしょうか？　自分の好きな食べ物を食べるにはどうすればよいでしょうか？

大規模災害では、道路の損壊による物流のストップや工場等の被災により、スーパーやコンビニなどから一気に商品がなくなると思ってください。

さらに電気、ガス、水道などがストップし、長期間にわたり日常生活に支障が出ると、災害後の生活物資の調達は非常に困難となります。

災害の規模が大きくなればなるほど、日頃の備えが重要です。自分が食べるもの、食べたくなるものは自分で備えましょう。

身構えずに備えるコツは、普段食べているものを少し多めに用意しておくことです。

災害時には不自由が多くストレスがたまったり、食欲がなくなることも考えられます。そんな時こそ食べたいものを食べることが安心につながります。

缶詰やレトルト食品などに加え、デザートやお菓子など、自分が好きなものも備蓄しましょう。

体に必要な栄養とともに、心の栄養もとれるように備えてください。「自分で備えなければ食べることはできない」ことを覚えておいてください。

生命維持や健康維持のために

欠かせない水とその他の飲みもの

いついかなる時も水は欠かせません。非常時の水分補給には、いつも飲んでいる好みの飲み物があると安心します。

普段から飲んでいる常温で保存できるものを備えましょう。

水とお茶…水は、そのまま飲む、料理に使う、赤ちゃんのミルク作り、手洗い、排泄時の処理やケガをした時の傷口の洗浄にも必要な大切なものです。

5年や7年、10年などの長期保存の水をそのままおいておくと、賞味期限が一気にきれるので注意が必要です。

また2リットルのペットボトルは、飲む時にコップが必要となるので、500ミリリットルのサイズも用意しておくと便利でしょう。お茶でもご飯を炊くことができます。

※要注意＝水には硬水と軟水があり、ミネラルが多い硬水は赤ちゃんのミルクや離乳食には使えず、薬との飲み合わせがよくない場合もあります。備蓄する水は軟水を選んでください。

お水の他にも、水分補給のために飲み物の備蓄をしておきましょう。

スポーツドリンク…スポーツ飲料には糖分や塩分が含まれているため、エネルギー補給にもなり、熱中症や脱水の際にも役に立ちます。粉末状で水に溶かして飲むタイプもあります。

各種ビタミン成分がバランスよく配合されたゼリータイプの食品は軽量でコンパクトなので持ち運びが便利です。ゼリー状のために消化もよく、水分補給も同時にすることができます。

ジュース類…ビタミン、ミネラル、食物繊維などの栄養成分が摂取できる野菜ジュースや果物ジュース、紅茶やコーヒー牛乳など自分が好きな飲み物も用意しておきましょう。普段から飲み慣れた好みのものを飲むことは、リフレッシュ効果があります。

常温保存可能豆乳・牛乳…常温で2〜3か月保存可能な牛乳と豆乳は、カルシウムとたんぱく質の補給に役立ちます。開封後は要冷蔵のため、飲みきりサイズがオススメです。

水道水をポリ容器などでくみ置きする場合の備蓄方法（横浜市水道局・災害対策より）を紹介します。

Q　くみ置きする際の注意点は？

A1　清潔で蓋ができるポリ容器などに口元まで水道水を入れ、空気が入らない満水の状態にして蓋を閉めます。

A2　水道水を沸騰させたり、浄水器などに通すと、塩素による消毒効果がなくなることがあるので、蛇口からそのまま容器に入れましょう。

A3　日光の当たらない室内で保管し、冬期で1週間、夏場で3日間程度保存が可能。飲料水として期日が過ぎたら、生活用水として使用してください。

Q　どこに収納すればいい？

A1　ダンボールで購入した場合はそのままの状態で保管するようにしましょう。ダンボールは外部の気温が内部に伝わりづらい特徴があります。

A2　ペットボトルは縦置きにして、横に寝かせないほうがよいです。横に寝かせて保管すると、ペットボトルが歪んで変形しやすくなります。

A3　直射日光が当たらず、風通しがよく、外気温と湿度が低めの場所で保管しましょう。

Q　期限ぎれの水はどうすれば？

A　洗濯やお風呂、植木の水やりなどに使いましょう。

災害時には水が貴重なものになります。水を節約しましょう。

ウェットティッシュを使う…手洗いは食中毒・感染症予防の基本です。水が使えない場合は、

(1)ウェットティッシュ等で汚れをよく落とします。

(2)手指用消毒剤を手のひらにとり、手洗いの手順で手指全体によくすり込み自然乾燥させます。

使い捨て手袋やポリ袋を用意…調理の際、素手で食品を触らずにすみます。

使い捨ての紙皿を使う…食器が洗えない時は使い捨ての紙皿を使うか、またはラップを食器にかぶせて使うと食器を洗わずにすみます。

役立つ日用品と、その活用法

工夫できることはたくさんある

災害時に役立つ道具は色々あり、工夫次第で何通りにも使うことができます。

水が十分にない時はどうしたらいいか、調理の工夫や盛り付けの工夫、後片付けの工夫など、何ができるかを普段から考えたり、実際に使ってみたりしてください。

想像したり、普段から実践したりすることで、「もしも」の時に活用できるはずです。

調理の工夫

・キッチンバサミやピーラー、スライサーなどを使って、洗い物が必要なまな板を使わないようにしましょう。

・まな板の代わりに、開いた牛乳パックや紙皿を使います。

・乾物はポリ袋の中で、少量の水や、調味料、缶汁などで戻します。

・混ぜたり、和えたりの作業をする時もポリ袋を使います。

・フライパンやホットプレートには、クッキングシートやアルミホイルを敷いて使用します。

盛り付けの工夫

・ポリ袋のまま食器にかけ、できるだけ洗い物を減らしましょう。

・皿の上にラップやホイルを敷き食器が汚れないようにします。

後片づけの工夫

・新聞紙やティッシュなどで汚れをふき取ってから洗います。

・食器や鍋類は水につけ置き、まとめて洗いましょう。

役立つ日用品・新聞紙

・寒い時は、新聞紙を体に巻いて保温。

・骨折時に新聞紙をそえ木にする。

・新聞紙でスリッパを作る。

・食器を作る。

・おもちゃを作る。

・新聞紙で簡易トイレを作る。

・新聞紙には防臭効果がある。

※新聞を定期購読していない人は、電話帳や週刊誌などが新聞の代わりに使えます。家にあるものを活用してください。

避難の際に必要な非常用持ち出し袋について

あらゆる不測の事態に備える

災害時にすぐに取り出せるように「枕元セット」と「非常用持ち出し袋」も備えておきましょう。

枕元セット

就寝時に大地震が発生し停電した場合、足の踏み場もない部屋の中を手探りで移動しなければなりません。

そのため枕元セットとして「照明（懐中電灯）」「手足を守る道具（スリッパ、軍手）」「助けを呼ぶ道具（ホイッスル）」を、手が届く場所に用意しておくことが重要です。

他にも「メガネ」など、自分にとって必要不可欠なものを枕元に用意しておきましょう。

非常持ち出し袋は2種類に分けて用意しましょう。

「避難する時に必要なもの」

命を守るための道具を入れてください。あらゆる不測の事態は突然発生します。一分一秒を争うような場合、「何を持っていこう」と考えていると避難が遅れてしまい命とりになります。

そのため、素早く避難が出来るように、玄関などすぐに取り出せる場所に「避難する時に必要なもの」を入れた袋を置いておきましょう。「ヘルメット」「マスク」「軍手」「ヘッドライト」「レインコート」など。

避難する時にいちばん大切なのは「靴」ですが、かかとやつま先がないスリッパやサンダルは危険です。

準備したものは「重くて歩けない」などということにならないように、必ず背負ってみてください。

「避難生活を送る時に必要なもの」

避難生活が始まった時に必要なものは、「携帯ラジオ」「充電器」「身分証のコピー」「お金」「連絡先を書いたメモ」「家族全員の写真」「ウェットティッシュ」「水」「非常食」「携帯トイレ」などです。

その他、女性は「生理用品」、持病があれば「薬」など、自分にあった避難用品を用意しておきましょう。

「停電ごっこ」と「断水ごっこ」

家族で体験をしてみましょう！

災害時に起こりえるのは「停電」と「断水」です。電気や水道が使えない生活を事前に体験しておくと、「もしも」の時に何を用意すればいいか身をもってわかります。家族みんなでシミュレーションをしてみてはいかがでしょうか。

停電ごっこ

まずは電気を消し、真っ暗な中で懐中電灯を探してみましょう。懐中電灯の種類によってスイッチの位置や点け方が違うので、暗闇の中で点けることができるか試してください。

一つ明かりを確保できれば、その明かりを頼りに他の明かりを探すことができます。真っ暗な中でも懐中電灯にすぐに点灯できるように、スイッチ部分に蓄光テープを貼るとよいでしょう。また、ドアノブにも逃げ道の目印になるように、蓄光テープを貼ることをオススメします。

家にあるもので部屋を明るくする工夫もしてみましょう。例えば懐中電灯に、取っ手付きの白いポリ袋をふんわりかぶせてしばると、ランタンを作ることができ、光が広範囲に届きます。

子どもが暗闇を怖いと思わないように、夜、外に出て星を見たり、影絵遊びをしたりすると、楽しみながら暗闇に慣れることができます。

また、暗い中で、懐中電灯で食事の用意をしてみてください。後片づけまで停電ごっこをしながらやってみると、今家にある懐中電灯だけでは、本数が足りないことに気づくでしょう。

断水ごっこ

備蓄している水でご飯を作ってみてください。備蓄している水だけで作ると一回の食事でどれくらいの水が必要になるかが把握できます。

下着など少量の洗濯はポリ袋などを使って少ない水で洗ってみてください。水がなくても使えるドライシャンプーやシートタイプの歯みがきもあるので試して慣れておきましょう。

断水ごっこをすると、生活用水がたくさん必要であること、節水の工夫が必要だということがわかるでしょう。

携帯トイレの備蓄が大切

平常時に必ず試してみる

トイレの衛生状態が悪くなると、できるだけトイレに行かないように我慢をしたり、水分や食事を控えたりします。しかし、これは非常に危険です。栄養状態の悪化や脱水状態などを招いたり、水分を控えたことで血栓ができて、エコノミー症候群などを引き起こし、命にかかわる事態に直面します。

災害時のトイレ問題は食べることと同じか、それ以上に深刻です。行きたい時にトイレに行き、安心して用を足せる。普段当たり前にできていることを同じようにできることが理想です。自分で携帯用トイレを備えましょう。

携帯用のトイレは商品によってポリ袋の色や、尿の固め方に違いがあります。凝固剤タイプ、吸収シートタイプなど様々あります。

ただし、備蓄しているだけでは安心とはいえません。暗がりで使用することも十分に考えられます。災害という特殊な状況下で慣れないことをするので、平常時に一度は試してみることが大切です。

ゴミ収集車がストップしている間、汚物は家に置いておくことになります。臭いや害虫など、衛生面を考え、蓋付きのゴミ箱に入れておくことをおすすめしますが、わざわざ購入しなくても、家にあるものを活用できます。蓋付きの衣装ケースやおもちゃ箱などの他、風呂の浴槽の中に置いて蓋をするだけでも、少しは効果があります。

災害時はトイレの衛生管理がとても大切です。トイレットペーパー、生理用品、ウェットティッシュ、アルコール消毒剤などは必需品です。

感染症予防のため、トイレの床や便器は除菌洗浄剤を希釈したもので拭き掃除します。手洗い用の水がない場合はウェットティッシュで汚れを拭きとり、アルコール消毒液を手にとってこすりあわせて手指の消毒をします。

手が荒れるのでハンドクリームもあるとよいでしょう。

おわりに

大災害による被害を最小限に食い止めるためには、今からできるかぎりの備えをしておくことが大切になります。

水と食べ物の備蓄が必要ですが、家に置いてあるだけでは安心とはいえません。災害が起きた時に活用できなければ意味がないからです。「知っている」「聞いたことがある」を「できる」に変えましょう。

災害が起きたあとも健康でいるためには、栄養のバランスがとれた食事を適量とることが大切です。

そして、それが温かい食事であれば、体も温まり生きる気力がわいてきます。「お湯ポチャレシピ®」で温かいものを食べてください。作り方はとても簡単なので、ぜひ作ってみてほしいと思います。

ポリ袋に食材を入れ、お湯の中にポチャンと入れて湯せんするだけで、温かいお料理が食べられます。「どんな時でも温かいものを食べていただきたい」と考えていると、お湯の中でゆらゆらする料理のイメージがわいてきました。「お湯ポチャレシピ」と名づけたのは、そんな理由からです。

「今日は〝2ポチャ〟作る？　それとも〝3ポチャ〟？」など、まずは自分の好きなものをいくつか作ってみてください。それが「もしも」の時の練習になります。

災害が起きてからできることはかぎられていますが、今できることはたくさんあります。私の思いを詰め込んだ本書が、皆さまのお役に立ってくれたらうれしく思います。

本書は清流出版から出版する6冊目の本となります。私にとって缶詰、瓶詰、レトルト食品、乾物は全て災害食で、この8年間、常に災害食に向き合ってきました。私の思いを受け止めてくださった清流出版の松原淑子さん、カメラマンの田邊美樹さん、撮影のお手伝いをしてくれた友人の千葉敦子さん、村田玲子さんに、心より感謝申し上げます。

2019年7月

今泉マユ子

今泉マユ子

いまいずみ・まゆこ

管理栄養士・防災士・災害食専門員。1969年、徳島県生まれ。横浜市在住。１男１女の母。管理栄養士として大手企業社員食堂、病院、保育園に長年勤務。現在はレシピ開発、商品開発に携わるほか、多くの資格を生かし全国各地で幅広く講演、講座、ワークショップを行う。東京消防庁総監より感謝状を授与。NHK「あさイチ」「おはよう日本」、日本テレビ「ヒルナンデス！」、TBS「マツコの知らない世界」「王様のブランチ」、フジテレビ「梅沢富美男のズバッと聞きます！」ほか、テレビ、ラジオ出演多数。新聞、雑誌などでも活躍中。『「もしも」に備える食』『もしもごはん』『「もしも」に役立つ！おやこで防災力アップ』「レトルトの女王のアイデアレシピ ラクラクごはん』『体と心がよろこぶ 缶詰「健康」レシピ』（以上、清流出版）、『防災教室 災害食がわかる本』『防災教室 身の守りかたがわかる本』（理論社）他、著書多数。

公式ホームページ「オフィス RM」
https://office-rm.com

「お湯ポチャレシピ®」は ㈱ オフィス RM の登録商標です。

撮影／田邊美樹
ブックデザイン／静野あゆみ（ハロリンデザイン）
協力／千葉敦子・村田玲子

災害時でもおいしく食べたい！

簡単「みそ汁」&「スープ」レシピ

もしもごはん2

2019年8月15日　初版第1刷発行

著　　者　今泉マユ子
©Mayuko Imaizumi 2019,Printed in Japan
発 行 者　松原淑子
発 行 所　清流出版株式会社
〒101-0051
東京都千代田区神田神保町3-7-1
電　　話　03-3288-5405
http://www.seiryupub.co.jp/
印刷・製本　大日本印刷株式会社

乱丁・落丁本はお取り替えします。
ISBN978-4-86029-488-5

清流出版の好評既刊本

本体 1500 円＋税

かんたん時短、「即食」 レシピ

もしもごはん

今泉マユ子

日常の中で少し多めの食料備蓄をおすすめ。
災害時はもちろんのこと、
日常でも食べてほしい備蓄食材を使った、
「即」 作れて、「即」 食べられるレシピを紹介。

清流出版の好評既刊本

本体 1400 円＋税

レトルトの女王のアイデアレシピ

ラクラクごはん

今泉マユ子

料理がちょっと苦手な人にもおすすめ！
簡単、時短、失敗なし。
忙しいあなたのためのレトルトアレンジレシピ。

本体 1500 円＋税

「もしも」に役立つ！

おやこで防災力アップ

今泉マユ子

災害が起きてからできることは
限られているが、今できることはある。
おやこで防災対策 & 即食レシピ作り。